ENSAIOS PSICOPEDAGÓGICOS
PRIMEIRA EXPERIÊNCIA

Editora Appris Ltda.
1.ª Edição - Copyright© 2024 da autora
Direitos de Edição Reservados à Editora Appris Ltda.

Nenhuma parte desta obra poderá ser utilizada indevidamente, sem estar de acordo com a Lei nº 9.610/98. Se incorreções forem encontradas, serão de exclusiva responsabilidade de seus organizadores. Foi realizado o Depósito Legal na Fundação Biblioteca Nacional, de acordo com as Leis nos 10.994, de 14/12/2004, e 12.192, de 14/01/2010.

Catalogação na Fonte
Elaborado por: Josefina A. S. Guedes
Bibliotecária CRB 9/870

C268e
2024
	Cardozo, Priscila Sollito
	    Ensaios psicopedagógicos: primeira experiência / Priscila Sollito Cardozo. –
	1. ed. – Curitiba: Appris, 2024.
	    138 p ; 21 cm. – (Psicopedagogia, educação especial e inclusão).
	
	    Inclui referências.
	    ISBN 978-65-250-5629-6
	
	    1. Psicologia educacional. 2. Aprendizagem. I. Título. II. Série.
	
	                                                                     CDD – 370.15

Livro de acordo com a normalização técnica da ABNT

Appris
editora

Editora e Livraria Appris Ltda.
Av. Manoel Ribas, 2265 – Mercês
Curitiba/PR – CEP: 80810-002
Tel. (41) 3156 - 4731
www.editoraappris.com.br

Printed in Brazil
Impresso no Brasil

Priscila Sollito Cardozo

ENSAIOS PSICOPEDAGÓGICOS
PRIMEIRA EXPERIÊNCIA

FICHA TÉCNICA

EDITORIAL	Augusto Coelho
	Sara C. de Andrade Coelho
COMITÊ EDITORIAL	Marli Caetano
	Andréa Barbosa Gouveia - UFPR
	Edmeire C. Pereira - UFPR
	Iraneide da Silva - UFC
	Jacques de Lima Ferreira - UP
SUPERVISOR DA PRODUÇÃO	Renata Cristina Lopes Miccelli
PRODUÇÃO EDITORIAL	Miriam Gomes
REVISÃO	Josiana Araújo Akamine
DIAGRAMAÇÃO	Yaidiris Torres
CAPA	Tiago Reis
REVISÃO DE PROVA	Jibril Keddeh

COMITÊ CIENTÍFICO DA COLEÇÃO PSICOPEDAGOGIA, EDUCAÇÃO ESPECIAL E INCLUSÃO

DIREÇÃO CIENTÍFICA	Ana El Achkar (Universo/RJ)
CONSULTORES	Prof.ª Dr.ª Marsyl Bulkool Mettrau (Uerj-Universo)
	Prof.ª Dr.ª Angelina Acceta Rojas (UFF-Unilasalle)
	Prof.ª Dr.ª Adriana Benevides Soares (Uerj-Universo)
	Prof.ª Dr.ª Luciene Alves Miguez Naiff (UFRJ)
	Prof.ª Lucia França (UFRJ-Universo)
	Prof.ª Dr.ª Luciana de Almeida Campos (UFRJ-Faetec)
	Prof.ª Dr.ª Mary Rangel (UFF-Uerj-Unilasalle)
	Prof.ª Dr.ª Marileide Meneses (USP-Unilasalle)
	Prof.ª Dr.ª Alessandra CiambarellaPaulon (IFRJ)
	Prof.ª Dr.ª Roseli Amábili Leonard Cremonese (INPG-AEPSP)
	Prof.ª Dr.ª Paula Perin Vicentini (USP)
	Prof.ª Dr.ª Andrea Tourinho (Faculdade Ruy Barbosa-BA)

Aos meus ancestrais, filho, companheiro e companhias, agradeço por tanto e celebro os encontros nessa rede amorosa que trançamos com o universo.

Sou bordada pela minha experiência educacional, ora eu, mulher, professora, mãe, corpo, política, aluna, microrganismo, ora penso pequeno, ora penso grande; ora só, ora coletivo; ora, ora, ora...

Quão profundo o encontro com Alicia Fernandez e, para não esquecer do fundo das minhas entranhas, as palavras aqui escritas atravessam tempos cronologicamente distintos; entretanto os tempos atuais, de alguma forma, convocam-me à prática de liberdade. Talvez isso seja possível, por sermos mulheres, latino-americanas, brasileiras, tão próximas, com um tanto do privilégio de sermos brancas e sobrevivermos a contextos históricos, políticos e sociais complexos. Compactuo com Fernández que afirma: "... há sonhos que se apresentam com a urgência de serem comunicados"

(Príscila Sollito)

PREFÁCIO

Príscila,

Um trabalho e tanto!

Aqui está presente um livro. Poderia ser publicado como "Notas para um jovem psicopedagogo." Sugiro que publique este trabalho. Trará benefícios para todos que estão começando a trilhar esse caminho, bem como a tantos outros que já percorrem essa estrada.

Trabalho marcado pela sensibilidade clínica do começo ao fim.

Relato de uma experiência vivida em conexão profunda com On. e Zen.

Respeito pelo que podia ser apresentado como encontro de almas.

Você soube valorizar e dar espaço para o desabrochar de On., como uma "Flor de Lótus", presente de energia.

Oxalá, que você possa acompanhar esse garotinho que tanto se beneficiou com seu contato, assim como a mãe. Você deu para a mãe segurança para permitir que seu filho possa crescer!

Professora doutora Anete Maria Busin Fernandes

Graduada em Pedagogia pela Universidade Presbiteriana Mackenzie (1968), em Psicologia pela Pontifícia Universidade Católica de São Paulo (1989), possui mestrado em Psicologia da Educação pela Pontifícia Universidade Católica de São Paulo (1977) e doutorado em Psicologia Clínica pela Pontifícia Universidade Católica de São Paulo (2011). Formada em Psicanálise pelo Sedes Sapientiae (1990 à 1993), em Psicopedagogia com Prof.ª Ana Maria R. Muñiz (1987 à 1993). Título de Especialista em Psicopedagogia concedido pelo CRP SP. Atualmente é professora da Pontifícia Universidade Católica de São Paulo, desde 1983. Atua em Consultório Particular.

É membro titular da Associação Brasileira de Psicopedagogia, membro filiado do Instituto de Psicanálise Durval Marcondes da Sociedade Brasileira de Psicanálise SP. Tem experiência na área de Psicologia, Psicologia da Educação, Psicanálise, atuando principalmente nos seguintes temas: aprendizagem, intervenção psicopedagógica, educação infantil, amadurecimento emocional e psicologia clínica.

SUMÁRIO

INTRODUÇÃO 13

1
ENCONTRO COM ON. 15

2
QUEIXA LIVRE 17

3
JOGO DO RABISCO 21

4
CAIXA PSICOPEDAGÓGICA 1 37

5
CAIXA PSICOPEDAGÓGICA 2 45

6
PAR EDUCATIVO 53

7
HORA DO JOGO 61

8
DESENHO DA FAMÍLIA 67

9
HISTÓRIA VITAL 77

**10
PAPEL DE CARTA** 89

**11
PINGO NO "I" – LINGUAGEM ORAL E ESCRITA** 101

**12
FAMÍLIA GORGONZOLA — MATEMÁTICA** 105

**13
PROVAS OPERATÓRIAS** 109

**14
JOGO DA AREIA** 113

**15
DEVOLUTIVA** 121
    1. QUEIXA LIVRE 122
    2. COMPETÊNCIAS 123
    3. APERFEIÇOAR 123
    4. ENCAMINHAMENTOS 123
    5. DIAGNÓSTICO (SARA PAIN) 124
    6. MODALIDADE DE APRENDIZAGEM 125
    7. HISTÓRIA DEVOLUTIVA 127

CONSIDERAÇÕES FINAIS 133

REFERÊNCIAS 137

INTRODUÇÃO

A composição desta narrativa é o desbravar de um campo de conhecimento, o *ethos* do Psicopedagogo. Convoca-nos Anete Fernandes a considerar o *ethos* como práxis, morada e pátria; a construção de um lugar/espaço, transformação que ocorre de dentro para fora, uma marca homogênea.

Tal processo deste trabalho baseia-se no propósito de Fernandes (2011), que é investigar, como no início da prática clínica, a possibilidade de abrir o trânsito para o psicopedagogo; e, assim, apropriar-se da experiência terapêutica e compreender a abertura de sentidos, decorrente da experiência clínica.

Eu, Pedagoga, no presente trabalho, imergi das investigações e na transição, com a intenção de conscientizar as distintas/diversas experiências de aprendizagem, dialogar com a experiência clínica e analítica, presente em todo o processo, sustentado por uma rede de apoio. Tal possibilidade fez-me encontrar com a minha essência que, naturalmente, emerge para ser contemplada da prática de comunidade de aprendizagem amorosa. A experiência com a ética, a estética e a poética nortearam todo o sentido deste trabalho, que considero inacabado, inconcluído e com sentimentos compostos de verdade, colaboração, amorosidade e potencialidade.

Dessarte, sigo nutrida em viver de experiências com sentido mútuo. Asseguro-me em escritos que represento a Educação como prática da liberdade, na toada de busca de comunidade de aprendizado, sob a visão holística e transgressora de bell hooks[1], fundada no respeito pelo multiculturalismo que cria a sensação de um bem comum. Segundo hooks (2021, p. 58), "Idealmente, o que todos nós partilhamos é o desejo de aprender — de receber ativamente um

---

[1] Pseudônimo de Gloria Jean Watkins (1952-2021), autora, professora, teórica feminista, artista e ativista antirracista estadunidense. Insistia no uso de letras minúsculas no codinome.

conhecimento que intensifique nosso desenvolvimento intelectual a nossa capacidade de viver plenamente no mundo".

Contudo, com a intensa abordagem de Sara Pain e Anete Fernandes, na companhia presente e consistente supervisão, em total experiência, pude constituir um olhar sensível e holístico para o contexto de aprendizagem apresentado por On.[2], que representa sua forma única de aprender e toda a complexidade que ele encontra nesse caminho.

Contemplo a entrega e integro o valor comunitário destes estudos aqui apresentados, à futura Psicopedagoga, que busca em palavras (espelhos de ações) reconhecer socialmente a diversidade de linguagens que abrangem a aprendizagem/o saber.

---

[2] On. – nome fictício do caso estudado.

1

ENCONTRO COM ON[3].

Todo o processo e contexto criam-se de forma orgânica e harmoniza para a chegada de On., 11 anos.

Ana Toscano, colega do curso em um grupo de psicólogas que atuam com clínica social, apresenta uma criança com dificuldade de aprendizagem, após duas indicações, uma delas foi de Izabel Stasi que já encaminha um trabalho com On. desde a segunda quinzena de agosto. Izabel (psicóloga) entendeu que seria benéfico para a criança vivenciar a proposta da disciplina Diagnóstico Psicopedagógico. O primeiro contato ocorreu em 6 de setembro de 2022, para que houvesse entendimento e aproximação, para dialogar durante todo o processo.

Foi o supervisor de Izabel que indicou o caso; ela observou dificuldade de aprendizagem e considerou interessante esse trabalho conjunto. Quando sugeriu essa possibilidade a Zen. (mãe do On.) foi prontamente atendida.

Izabel, em nossas trocas de mensagem, relata: "Ele chegou por indicação do meu supervisor que atendia — em terapia — o patrão da mãe dele, a mãe dele trabalha como babá aos finais de semana na casa do Fred que é meu supervisor. Enfim, ele foi acompanhando um pouco as dificuldades de Zen. com o On. e se propôs a pagar terapia para ele, porque On. já faz acompanhamento, já passou por vários psiquiatras, psicólogas, tudo pelo convênio. Quando ele criava vínculo, mudava o psiquiatra, aí ele foi entendendo que precisava ser algo continuado com a mesma pessoa. Então, foi assim que ele chegou até mim".

---
[3] Os nomes — da criança e dos familiares — são fictícios.

Assim, esperei o contato da mãe.

Em 8 de setembro, às 7h52 recebo uma mensagem atenciosa de Zen. se apresentando: *A Isabel mi falou sobre a sua proposta de poder nos ajudar com o nosso filho, fico muito agradecida pós está muito difícil. Cuando vc puder fala comigo estou a desposição.*

Pergunto se ela recebeu o termo de consentimento que já conta um pouco da proposta.

> Zen.: *Fico muito feliz por ter sido o meu, pois estou precisando muito desse apoio.*

Valido a importância do envolvimento da família, comento que manteremos conexão com a Izabel e que tenho supervisão semanal para apoiar todo o processo. Reconheço que estamos atendidos e apoiados.

Pergunto sobre a disponibilidade de horário para um primeiro encontro com a família.

> Zen.: *Meus horários são sempre disponíveis, mas o meu marido só chega às 19h30 em casa.*

Sugeri aos sábados, para que pudesse ser presencial.

> Zen.: *Eu trabalho de sexta-feira das 20 horas até a noite do domingo às 22h00 horas. Todos o final de semana. Pode ser na segunda após as 20h00.*

Com esse contexto, decidimos um encontro on-line com a presença da mãe e do pai. Primeiro encontro ficou marcado para segunda feira, 12 de setembro, às 20h.

Setembro, 2022.

2

QUEIXA LIVRE

Segunda-feira, 12 de setembro de 2012 às 20h, dois dias que antecedem o aniversário de 12 anos de idade de On. Eu tinha poucas informações da mãe sobre a dificuldade de relacionamento e aprendizagem, citadas no primeiro contato telefônico.

Combinamos uma ligação de vídeo pelo WhatsApp.

> Consigna[4]: *Vocês gostariam de me contar algo que entendem que seria interessante para esse processo do aprender?*

Zen. relata que estão muito preocupados e precisando de ajuda, pois a situação é muito difícil.

> *On. sabe ler e escrever, mas se recusa a fazer e entregar das atividades na escola. Cada vez isso fica mais complicado.*

As únicas propostas que participa são as de educação física e artes.

Zen. completa:

> *Também tenho sido solicitada com frequência pela escola por questões de conduta, chegaram a uma proposta de avaliar On. de 'forma diferente' por conta das dificuldades que ele vem enfrentando, mas eu não concordo, gostaria que a escola apoiasse de outras formas.*

Zen. enfatiza:

> *Qualquer barulho tira o foco dele.*

---

[4] Consigna — consigna da atividade; encaminhamento da atividade.

17

Foi necessário um pedido da família para a escola que On. ficasse próximo aos professores, com menos pessoas na sua frente, para que ele conseguisse ficar mais atento.

Zen. relata:

> *Sabe? Agridem ele na escola, aí ele agride. As meninas aqui do bairro que sabem a condição dele ficam falando que ele não sabe.*
>
> *Ele não tem amigos na escola, ele não consegue parar sentado, sempre teve dificuldade de parar sentado.*
>
> *Uma vez, os amigos começaram a insultar e brigar com ele na quadra, e a situação saiu tanto do controle que trancaram ele na quadra e todas as outras crianças ficaram zombando dele, nesse dia me chamaram na escola, foi aí que fiz um pedido para a Secretaria da Educação para uma orientação e participação nas ações educacionais para a inclusão de On. na escola, não é possível eu ir lá todas as vezes que ele tem um problema na escola, ser chamada e tirar ele da escola, a escola precisa ajudar a resolver.*

Pergunto por que foi necessário o pedido dessas intervenções, e se isso era uma atitude nova.

Zen. explicou que On. mudou para essa escola em 2022, uma escola próxima da atual casa deles. Pós-pandemia (2019-2020-2021), On. fica na escola período integral: meio período regular; o outro em reforço.

Zen. segue relatando os casos que aconteceram na escola:

> *A escola deixou ele bravo, fechado na quadra, pois os amigos o irritaram por conta de suas dificuldades, e ele se enfureceu.*
>
> *Então, começaram as atitudes.*
>
> *O tutor dele hoje é o diretor, mas nos contam tudo porque é difícil. Os amigos também provocam situações que o deixam fora de controle.*

> *Ele não quer fazer as atividades, não respeita os professores, xinga e diz já saber, nós conversamos com ele, explicamos, dizemos que não é certa essa atitude.*

Zen. retoma:

> *Sua permanência é curta em qualquer atividade, mesmo nas de seu interesse.*

> *Ele é muito inteligente, ele não tem foco. Ele desenha muito bem! Ele não tem só um desenho. Ele desenha bem rápido, ele faz uma produção. Ele tem a imagem, o desenho ali na cabeça dele é rapidinho, passa para o papel!*

A mãe segue a narrativa sobre o a intensidade de On., comunica que ele usa remédio e faz futebol porque o novo médico pediu para frequentar atividade física, devido à condição dele.

Eu retomo a pergunta: *Ele toma remédio?*

> Zen.: *Tomava 6 remédios, estava com os médicos que só davam mais remédios.*

Faz 3 meses que mudaram de médico e decidiram mudar a abordagem do tratamento, ficou um mês sem medicamento nenhum e, atualmente, está apenas com uma medicação, cujo nome ela não lembrava naquele momento.

> Zen.: *Quando o nosso filho cresce temos a expectativa de mudança, de ver o outro crescer, mas não, existe mais irritação, fala palavrão, bravação, enfrenta demais os adultos, mentindo, bate nos amigos até deixar no chão, chateação. Não sei se tem relação com o transtorno.*

Pergunto se isso acontece em casa também.

> Zen.: *Não acontece em casa e nem com os amigos de convívio da rua que mora, mas na pandemia esse convívio diminuiu muito. No futebol acontece com pouca frequência.*

Quando os pais vão conversar com ele, sobre a postura na escola, ele reage com a fala: — *Já sei.* A mãe responde: — *Você não sabe.*

Zen. relata falta de concentração e esquecimento da parte de On.

> *Ele não se organiza, bagunça tudo, não coloca as coisas no lugar.*

> *Essa Luta para dar uma organizada, essa luta. E a coordenadora da escola entende que ele não precisa do reforço escolar, não consigo entender.*

Nesse momento, Zen. diz que On. costuma dizer: *"Gosto do meu pai porque minha mãe me cobra muito"*. Ela mesma complementa que sim, ela passa mais tempo com ele, e o pai fica só com o futebol e nos finais de semana, *"com as coisas legais"*.

Anoto que On. tem consulta com o psiquiatra (dia 21); e com o neuropsiquiatra, dia 26. Fechamos o encontro, com a definição dos demais às quartas-feiras.

Considerações

No começo tivemos o incômodo do pai, por causa de uma luz que trazia melhoria para a imagem deles: estavam os dois na sala, enquanto On. estava em outro ambiente da casa. Fizemos nosso encontro por chamada de vídeo no celular. O pai ficou em silêncio todo o encontro, apenas em um momento se levantou para solicitar algo para On. que estava em outro ambiente jogando bola.

No final tentamos encontrar um horário comum para o atendimento, perguntei para Isas. (o pai) a possibilidade de ser sábado, pois a rotina de On. durante a semana é intensa; a resposta foi que precisaria ver, mas que era complicado, olhou para Zen., que inicialmente se animou e sorriu pensando nessa possibilidade, porém com as questões levantadas e o olhar dele, ela logo assumiu a responsabilidade para si.

Setembro/Outubro, 2022.

3

JOGO DO RABISCO

Primeiro encontro com On.

5 de outubro de 2022.

Quando cheguei Zen. e On. já estavam à minha espera.

Foi então que confirmei estar um tanto nervosa, desde o trajeto de carro até ali. Estava preenchida com um sentimento inaugural, do desconhecido — em muitos sentidos. Eu não conhecia On., o primeiro indivíduo clínico com o qual me envolvo. Estava em Higienópolis, bairro pelo qual tenho tamanho afeto, em São Paulo.

Quando estava chegando e vi os dois em frente ao prédio, repassei tudo de que precisava, inclusive de tempo; tempo para me organizar, estacionar, pegar os materiais...

Achei pertinente falar com Zen.; peguei o celular para verificar se havia mensagem, pois o fato de estarem já ali demonstrava a ansiedade/organização/disponibilidade da mãe, que chegara muito antes do horário combinado. Mandei mensagem para avisar que estava chegando, e que precisava me organizar. Avisei, também, que podiam ficar dentro do prédio, uma vez que os avistei ainda na rua.

Quando cheguei, apresentei-me, subimos para a sala, contei a história da chave, que imaginei que chegaria antes deles, eu precisei pegar a chave com o porteiro, eu estava com a caixa psicopedagógica na mão e uma sacola cheia de livros, assim tivemos um papinho sobre eles terem chegado antes. Contaram que foram ao Parque Buenos Aires, e On. logo foi me contando que é um parque para crianças menores. Perguntou para a mãe se eu conhecia a Isabela, a psicóloga, a mãe falou que ele podia perguntar para mim; e eu respondi que não pessoalmente.

Adentramos juntos, perguntei se ele sabia o que ele veio fazer hoje comigo. Ele olhou para a mãe e perguntou: *Jogar?*. A mãe devolve: *lembra que falamos?...* Interrompi devolvendo a pergunta: *Você não lembra?!*. E ele confirmou que não lembrava.

Então, eu disse que iria contar para ele assim que a gente entrasse, com um sorriso que me permitiu o momento, pois On. estava aberto à comunicação.

O objetivo é atender a criança, e isso tinha um misto de realização, certeza, satisfação e suave insegurança por não conhecer essa experiência inédita, e tão desejada.

Deixei-os na sala de espera, pois eu estava com o material semipreparado, e precisava finalizá-lo para iniciar as atividades.

Após eu servir um café para a mãe, e ele aceitar, questionei se ele podia e gostava de café. A mãe interveio negando, devido à cafeína que o deixa mais agitado. Considerei pertinente apoiá-la e sugeri servir a ele um chá de camomila ou morango.

On. abriu um sorriso e aceitou o chá, o que surpreendeu a mãe, pois em casa — segundo ela —, ele não gostava de chá. Ele retrucou que gostava; e ela, então, disse que ele poderia tomar mais em casa.

Pedi que eles preparassem juntos o chá, enquanto eu organizava a sala e avisei que o chamaria, assim que estivesse tudo pronto.

Organizo a sala e convido-o para entrar; ele ainda carregava o chá, que nos acompanhou no encontro. On. entrou na sala, olhou a janela, o consultório fica no terceiro andar, uma janela pequena com uma abertura de segurança.

Nossa primeira conversa foi sobre o calendário, eu sabia que numa das semanas anteriores tinha sido o aniversário dele. Retomo esse dia com ele; e, então, ele me conta que teve três festas: na escola, ele levou "ovada" na aula da professora de matemática, ele era "um bolo de cenoura com cobertura de chocolate".

Ele foi colocar a xícara de chá perto da janela e falou: *Você sabia que eu fico pendurado na janela do meu quarto para fora?*

Eu: *Quantos andares tem sua casa?*

On.: *3.*

Eu: *Você não sente medo?*

On.: *Não.*

Eu: *Acho perigoso.*

On.: *Eu também ando pelo muro.*

Eu: *Se equilibrando?*

On.: *Sim, sabe o muro em cima da parede? Eu ando assim* (abriu os braços).

Eu: *Tenho medo de altura.*

On.: *Eu não.*

Isso tudo On. me dizia sentado no divã, com tom de voz calmo, com o corpo meio inclinado na parede.

Então, convoco-o para o *Contrato Terapêutico*.

Eu: *Aqui, On., temos um contrato, um combinado.*

On.: *Um contrato de assinar?* (E transmitiu um sorriso no olhar.)

Eu: *Vamos assinar todos os contratos necessários. Vou dizer sobre ele.*

Na mesa estavam disponíveis diversos tamanhos de folhas sulfite e três lápis grafite. Eu antecipei que faríamos um jogo, mas antes precisávamos falar do contrato. Expliquei que todos aqueles materiais saíram da caixa psicopedagógica que usaríamos nos próximos encontros. Ele logo se levantou para ir abrir a caixa, eu intervi retomando que, naquele encontro, faríamos o jogo do rabisco, o que ele aceitou tranquilamente.

Eu: *Estamos aqui para aprender, sentir confiança e segurança, não vamos nos agredir, não vamos nos machucar, vamos nos respeitar, dialogar, teremos propostas com começo, meio e fim e algumas propostas livres. Apresentei nossas datas e também falei que nossos encontros terão duração de aproximadamente 50-60 minutos (On. fez uma brincadeira de que era pouco). Podemos começar? Depois desse contrato? Estamos de acordo? Contratados?*

On.: *Sim!*

Eu: *Vamos lá?*

On.: *Vamos.*

Consigna: *Eu vou fazer um traço aleatório, pego uma folha sulfite na mesa, vou fazer um traço aleatório, e você vai completar e formar um desenho, uma imagem. Depois vamos inverter, você faz o traço e eu completo.*

Peguei o papel, fechei meus olhos, fiz um traço arredondado, aberto e alongado no meio da folha (Figura 1). Completei dizendo que o jogo não tinha certo e nem errado, sem regras definidas, e era um jogo com começo, meio e fim.

On. estava interessado em jogar, parecia que já sabia que esses encontros eram de jogos, mas esse jogo nunca foi experimentado por ele.

Figura 1 – Pista   Figura 2 – Folha de bichos

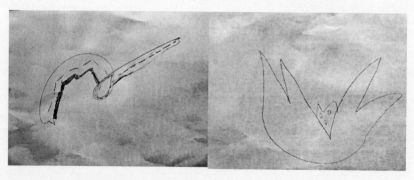

Fonte: a autora, 2022   Fonte: a autora, 2022

Aqui On. confirmou os combinados do jogo, ele fez um traço aberto como o meu, pegou o mesmo tamanho de folha que a minha, mesmo com várias opções à disposição. Nota-se que começou a perceber as possibilidades de personagens, quando acrescentou as três bolinhas e figurou o desenho (Figura 2).

Depois, escolhi uma folha pequena e fiz um traço simples, o qual com muita habilidade e concentração ele transformou em personagem (Figura 3). Percebi também sua facilidade em nomear as imagens.

Figura 3 – KaxiKaxi

Fonte: a autora, 2022

On. repete, com muito fluído, no meio da folha grande, traços que estavam no desenho anterior os XXXX — fora da imagem, e confirma se pode repetir traços. Confirmo que, sim, e reitero que nesse jogo não há certo, errado, nem regra. Então, contorno os símbolos que ele repete na folha (Figura 4).

Figura 4 – Facão

Fonte: a autora, 2022

No desenho seguinte, lancei um movimento, como se fosse um laço em um papel pequeno. Com muita habilidade On. inclinou a folha, segurando em uma mão o papel; e, na outra, o lápis. Concentrado, logo o transforma em pernas de um personagem, uma sela, depois surge o cavalo e sua sombra (Figura 5).

Figura 5 – Garupinha

Fonte: a autora, 2022

Surpresa, comento sobre os muitos detalhes desse desenho. Então, ele nomeia sorrindo e já seleciona um próximo papel, repete meus dois últimos traços para me convocar para o jogo (Figura 6). On. estava muito atento em colaborar na ordem dos desenhos e na nomeação.

Figura 6 – Raia/Polvo

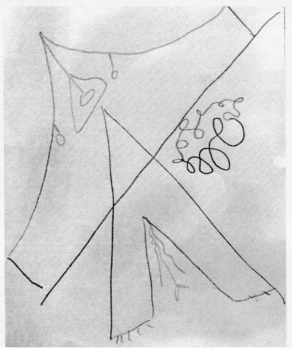

Fonte: a autora, 2022

Escolheu um papel menor e com um traço cortou ao meio, com um traço grande e pequeno e com um ato de convocação faz vários laços ao lado.

Nos desenhos já apresentava esses cortes para a construção da sua imagem, traços que vão cruzando e cortando a folha para a construção da imagem (Figura 7).

Figura 7 – Trem bala

Fonte: a autora, 2022

Nesse desenho (Figura 8), On. demonstrava algum tipo de falta de interesse. Deita um pouco no divã que temos disponível na sala.

Ele pegou um papel fino, fez um traço contínuo, cheio de curvas, cortes e me olhou com uma certa convocação para uma elaboração, como os desenhos dele estavam se dando.

Figura 8 – Placa ocular

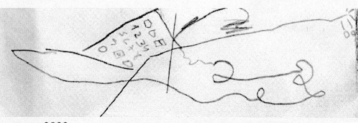

Fonte: a autora, 2022

> *Demorei um pouco mais para elaborar esse desenho e coloquei mais detalhes.*

Ele se levantou, atento, enquanto eu fui colocando os detalhes no desenho. Quando peguei a folha sulfite para fazer meu traço, ficou animado, fiz um traço simples e aberto no meio da folha, e ele mais uma vez perguntou se podia repetir desenhos já na ação.

Os traços surgem em detalhes nas folhas; concentrado, On. movimenta a folha, muda a intensidade dos traços para cada detalhe e para preencher as particularidades dos desenhos que se apresenta. Nesse personagem, as expressões aparecem.

Figura 9 – Kakaxu

Fonte: a autora, 2022

Esses traços diversos (Figura 10) são apresentados em uma folha pequena. Circulo o meio e apresento pingos e vibrações.

Figura 10 – Sol radiante

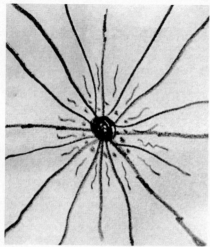

Fonte: a autora, 2022

Aqui On. ficou declamando a parlenda "Casamento de Viúva", perguntei onde era esse desenho das montanhas, se era gelo, On. disse: *Não, é a mata, muito mato!*. Perguntei se ele conhecia esse lugar (Figura 11-B). On. disse: *São as montanhas*.

Figura 11 – Sonso Dino   Figura 11-B - Casamento de Viúva

Fonte: a autora, 2022   Fonte: a autora, 2022

Nessa Figura 12, em algum momento, imaginei que On. não estava mais interessado. Nos meus traços propus mais simplicidade, fiz três, pois senti que ele estava menos concentrado, embora ainda integrado na proposta, no virar da folha e, em um traçado leve e rápido, surge mais um personagem.

Figura 12 – Stiver Homem

Fonte: a autora, 2022

Achei que seria interessante retomar que o jogo tinha começo, meio e fim. Ele perguntou se já tinha acabado, eu disse que quem decidia isso era a gente. Perguntei se ele queria continuar, e ele aceitou, On.: *Posso fazer mais alguns?*. Concordei e seguimos.

On. propõe a repetição dos traços durante todo o jogo, dos seus traços e dos meus; ora alternando, ora combinando os deles e os meus. Ele traz a repetição dos traços raiapolvo em um papel pequeno.

Eu desenho escadas e janelas, como se fossem entradas e saídas, e ele nomeia: "*Casa ao contrário*" (Figura 13).

Figura 13 – Casa ao contrário

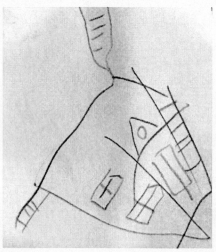

Fonte: a autora, 2022

Ficou um tempo elaborando esse desenho (Figura 14) com detalhes, em formas, expressões, volume e textura. Quando termina diz: *Fim*, pergunto se quer parar o jogo. Primeiro ele diz que sim, rapidamente pega uma folha e diz: *Não, quero que você termine.*

Figura 14 – Palhacinho

Fonte: a autora, 2022

Na proposta repete a base da cabeça dos desenhos dos personagens (Figura 15). Senti uma convocação para a construção de um personagem. Ele completa: *Agora sim, Estive Fagulho!*.

Figura 15 – Estive Fagulho

Fonte: a autora, 2022

Então, peço para ele escolher o preferido e o preterido.

On.: *O preferido é o palhacinho, o desenho (14).*

On.: *Ele está muito bonito e o que eu menos gostei foi a pista (1) porque foi o primeiro, não sabia muito bem o que fazer e como fazer.*

Contei que íamos organizar as imagens na ordem; e, depois, formar uma história com elas, nesse momento descobrimos que no 11 fizemos dois desenhos, On. estava muito envolvido para a organização e ordem das imagens.

Começamos a história que vou descrever a seguir, inicialmente começou a criar a história com muita fluidez e criatividade, precisei pedir que esperasse, pois eu era a escriba e precisava acompanhar os fatos, isso foi possível, nesse momento ele também precisou ir ao banheiro. Depois, engajado, eufórico, construiu a história com interesse, envolvimento e autoria.

> Era uma vez o Estive Fagulho (15) que ele encontrou o palhacinho (14).
>
> Que depois pegaram o Trem Bala (7) e pegaram a pista (1).
>
> Depois eles caminharam e encontraram irmão Kakaxu (9) e Kaxikaxi (3). Depois caminharam e encontraram uma espada no chão jogada (4), chegou até o domador de cavalos, cachorros e camelos (5)!!!
>
> Passaram com a espada e mataram o dragonete Xunim (11-A).
>
> Pegaram o trem de novo e encontraram o Estive Homem (12).
>
> Depois encontraram uma flor no chão (2) e levaram até o pico Sol e Chuva (11-B).
>
> O Sol radiante como sempre! (10)
>
> Depois eles pegaram a placa ocular (8), foram para a casa ao contrário (13) e fim.

Estávamos conversando sobre a finalização da proposta, e On. conta:

> O Gabriel que eu bati até deixar ele no chão, até sair sangue na escola, ele não é meu amigo.

Pergunto: *Como você ficou com isso?*

On.: *Bem, ele mereceu; ele me irrita desde a quarta série e vai me aterrorizar até o nono ano, ele já me disse, fiz isso para dar lição nele. Para ele aprender.*

Eu: *Ele aprendeu?*

On.: *Sim.*

Eu: *Parou de te incomodar?*

On.: *Não, ele vai me incomodar até o nono ano, ele já disse.*

Eu: *O que ele faz que te incomoda?*

On.: *Eu vou bater nele até matar ele.*

Eu: *E o que ele fez para você ter vontade de bater nele até matar?*

On.: *Ele me incomoda, me xinga, fala que eu não penso, que eu tenho dificuldade, que eu sou doente.*

Eu.: *Isso te deixa muito incomodado?*

On.: *Eu derrubo ele, olha ele é desse tamanho, levanta e demonstra que o garoto é maior que ele, e eu dou uma lição nele para ele aprender, para ele ficar com sangue no chão.*

Eu: *Não tem outro jeito de resolver isso? Já tentou conversar com ele?*

On.: *Não ele não, só assim, até o nono ano.*

Eu: *Você tem amigos na escola?*

On.: *Tenho* — falou o nome de outras duas crianças.

Nesse momento, o corpo de On. já estava mais agitado e já estava bem no final da sessão.

Ele me perguntou se poderia levar embora ou mostrar para a mãe os desenhos que fez, contei que ficariam na caixa e depois os pais dele iriam ver todos os desenhos com certeza, e ele também poderia ver no próximo encontro.

Quando saiu, ficou muito eufórico, iam encontrar com o bebê com o qual a mãe trabalha, falou que aprendeu um jogo que ia ensinar à mãe. Enquanto a mãe tentava combinar comigo o encontro seguinte, ele começou a falar "filha da puta" para a corrente que tinha soltado, abraçava a mãe e dizia que amava, a mãe queria conversar comigo, mas existia nele uma euforia/agitação imensa; ela comentou que estava próximo ao horário da medicação.

4

CAIXA PSICOPEDAGÓGICA 1

As complexidades de preparar o contexto do atendimento de On. apresentam-se ao longo do processo para encontrar compatibilidade de agenda e obter supervisão antes do atendimento. Foi um pouco tumultuado o que antecedeu o encontro, por insistências e resiliência da nossa parte (supervisora e supervisionada), o processo criativo para a construção da caixa psicopedagógica decorreu, com sentimentos de aflição, compaixão e realização.

O processo criativo está intenso e intrigante, compreendo que — por ter esse encontro com o não saber e a capacidade da intenção de se debruçar ao entendimento de um olhar psicopedagógico, um descolamento da ação puramente pedagógica — que em mim está bordada — obstante o nó da ponta já tenha sido cortado e se trata de trabalho artesanal de emendar as linhas e telas para algo inédito acontecer. Momento de muito autocuidado e compaixão, realmente conseguimos nos reunir para olhar para o encontro: a construção da caixa psicopedagógica.

Eu faço questão de retomar a ideia de "a professora" que me atravessa, todo meu interesse pelo campo das linguagens artísticas e os materiais não estruturados ao preparar a caixa, de alguma forma estava ali criando um contexto investigativo, nosso. Na supervisão, ficou mais clara a necessidade da diversidade de materiais e linguagens a serem apresentadas para a criança, possibilitando a elaboração e a apropriação da aprendizagem em todo o processo.

A caixa psicopedagógica apresenta o espaço potencial da conexão, um ambiente de cuidado e criatividade, que possibilita que todo o processo esteja sob uma abordagem sensível e empática das teorias que On. me apresentaria para conectar os elementos entre e em si.

Doze de outubro de 2022

Feriado em São Paulo, mantemos o dia do nosso encontro e transferimos o encontro para o período da manhã que seria bom para todos.

On. e Zen. chegaram mais próximos ao horário combinado. On. chegou aparentemente emburrado e reclamando da não escuta da mãe, mas não quis dizer o que aconteceu, Zen. comentou sobre uma angústia com o horário do atraso com o encontro, mas logo On., ao entrar no prédio que estava vazio, devido ao feriado, conectou-nos com seu mundo fantástico.

> On.: *Os Zumbis estão nesse prédio!*

> Eu: *Você sabe caçar Zumbis?*

> On.: *Me olhou com um sorriso.*

Nosso papo de Zumbis sustentou a transformação do estado de On., até chegarmos à sala — já pronta para recebê-lo.

Antes de entrar, On. dirige-se à janela, olha para baixo e diz:

> *Não é mãe que eu me penduro na janela de casa?*

> Eu: *Ele me contou isso, eu tenho medo de altura, fico preocupada.*

Zen. ficou desconfortável e falou que não era para ele ficar próximo à janela e contou que ele se equilibra nas fitas de *slackline*.

Adentramos à sala de atendimento, a caixa psicopedagógica estava no mesmo lugar da semana anterior. Achei pertinente retomar os combinados e adicionar alguns. On. escutou com pouco interesse, mas retomou todos eles para iniciar a sessão.

Quando fomos para a caixa, demonstrou animação. Quando a abriu, apresentou exaltação.

Nesse momento, trouxe-lhe a consigna:

> *Hoje, com esses materiais, você vai mostrar o que eles te ensinaram e o que você aprendeu.*

Muitas perguntas vieram:

O que eu posso fazer? Isso tudo é meu?

Posso usar tudo? Essas fitas... depois posso levar para casa?

Você que comprou tudo isso?

Deve ter gastado muito dinheiro, né?

Posso fazer o que eu quiser?

Cadê o UNO?

Enquanto as perguntas eram expressas, ele pegou os materiais superiores da caixa e já se colocou a trabalhar, com as miçangas de letras em mão disse:

Vou escrever o nome da minha namorada.

Eu: Como é o nome dela?

On.: *Launne (redução de Laurrane)*

On. separa a letras no nome L-A-N-N-E, ficou em dúvida entre as letras Z e N, as miçangas são pequenas e não tinham todas as letras. Ele separa as letras fora de ordem e organiza-as no barbante. No final da sessão, quando vai colocar na caixa, percebe a falta da letra U. Aqui me parece que On. não sabe escrever o nome da "namorada".

Mesmo assim, ele é muito habilidoso, com o barbante em uma mão e a miçanga na outra, viu-se diante de um buraco pequeno e, muito concentrado, tentava fazer uma pulseira para presentear Launne (a pronúncia é diferente).

Pergunto se é da escola, ele me diz que não, é do Inglês, por isso quando chegamos ele ficou falando umas palavras diferentes e disse que estava aprendendo a falar outras línguas; e que aquela era Português de Portugal.

Eu já estava com o caderno, pois senti a necessidade de anotar algumas falas e percepções. On. estava passando o barbante na miçanga, passava a ponta do barbante na boca para afinar e mirava com atenção naquele buraco pequeno para sequenciar aquelas letras do nome da "namorada".

> On.: *O que você anota? Se eu xingar você vai anotar também?*

Respondi séria e direta: Não.

> On.: *Eu não sou muito de xingar; só quando mexem comigo.*

Mantivemos um pouco o silêncio, da concentração do momento que entendia ser necessário. Já em outro estado, com menos perguntas. Depois de seu primeiro feito, On. retoma a caixa.

Todas as vezes que ele retomava a caixa, uma euforia o tomava com as perguntas e o maravilhamento. Dessa vez, foi de encontrar os lápis. Pegou-os, sentou-se no divã e dedicou muita atenção a cada um deles; em seguida, separou a lapiseira que estava junto dos grafites, deixou com outros materiais que ainda estavam abertos. On. encontrou um caderno apropriado para desenhos.

Encantado, passou as páginas e vibrou: *Tá em branco!!!*. Sentou-se, pegou a lapiseira, fez um desenho. Com uma voz de apresentação: *Olha, Kakaxi!*. Organizou todos os materiais do divã e voltou para a caixa.

On. teve um encontro celebrativo com as massas de modelar; ao pegá-las, diz:

> *O meu sonho era fazer aqueles bonecos de modelagem sabe?*

Eu: *Sei. Não vai dar com esses materiais?*

> On.: *Não, não tem o arame, e as massinhas têm uma textura diferente, cores diferentes de cor de pele diferente.*

On. ainda não tinha aberto as massas. Nada disso o impossibilitou de construir o boneco, com muita técnica, em meio ao seu processo criativo.

Quando abriu as massas e sentiu a textura, deparou com o preto e branco, ficou contente, reorganizamos a sala, para acomodar o corpo de On., ele pegou uma banqueta e uma outra mesa, ficou em uma posição que me lembra um artesão em sua mesa de trabalho com suas mãos postas no seu trabalho sutil; fez a cabeça com preta, cabelos com branca que contornava a parte superior daquela massa oval, com a tesoura fez os detalhes do cabelo e com sobreposições apareceu a face do boneco.

On. voltou para a caixa para encontrar a sustentação daquele boneco, já que não tinha arame. Se deparou com canudos de papéis resistentes, escolheu esse material para a sustentação, pediu ajuda para cortá-los, pois sua mão estava com a massa de modelar, com a técnica On. contorna os pedaços de canudo com a massa preta, deixa um espaço para fazer os encaixes, faz partes de tamanhos diferentes e assim com detalhes em branco e alguns palavrões e palavras bem baixinho quase indecifráveis, uma certa "reclamação" um boneco denso e cheio de detalhes se apresenta.

Quando termina de modelar, On. olha para mim e diz bem baixinho: *Briguei com a minha mãe hoje.*

Eu mantive o tom de voz: *Por quê?*

On.: *Eu queria subir a pé, e ela de carro.*

Eu: *Como você está com isso?*

On. pegou o boneco amassou inteiro e o transformou em duas bolas, dois pirulitos para eu lamber em tom de brincadeira.

Perguntou se podia lavar a mão, e eu retomo sempre que lá ele pode sair a hora que ele quiser.

Zen. foi ajudá-lo, e ele se incomodou com isso. Dizendo que conseguia sozinho, ela insistiu.

Retoma direto para a caixa, desde quando a abriu, as fitas lhe interessaram; tinha criado nada com elas, pegou um pedaço de cada e colou no próprio corpo. A primeira foi a larga e colou na boca

On. com a fita na boca diz: *Não vou falar mais nada o atendimento todo*. Durou pouco tempo, arrancou, deu risada e contou:

> *Uma vez colei uma fita dessa no meu pai e puxei, e ele me xingou de filha de uma mãe. 'Filho de uma mãe'.* Repetiu.

> Eu: *Seu pai é bravo?*

> On.: *Pai não é bravo, só fica bravo, quando eu falo mentira ou desobedeço a mãe. Meus pais não aceitam mentiras.*

Logo em seguida, ele me contou uma história que pareceu bem fantasiosa.

> *Eu consigo captar as impressões digitais com o durex, destravei o celular da mãe, marquei um encontro com o pai.*

> Eu: *Como você fez isso? Sua mãe não percebeu? Ninguém percebeu?*

> On.: *Não. Foi de madrugada que marquei o encontro, para eles saírem para jantar, em um restaurante. O pai ficou esperando, e a mãe não foi, porque ela não sabia. Aí ele ficou bravo. Os dois ficaram.*

Estava já próximo do final da sessão, eu o aviso.

Ele pede para fazer um avião de papel e jogar pela janela, nego e digo que podemos pensar em uma brincadeira com o papel, mas jogar pela janela do prédio não era possível.

Ele pergunta por quê. Eu devolvo a pergunta, e ele mesmo responde.

> On.: *Porque pode cair em alguém?*

Eu completo: *Sim, estamos em um prédio, e as pessoas estão passando, pode assustar ou machucar.*

Nesse momento descubro que gosta muito de empinar Pipa.

Sugiro de a gente organizar os materiais da caixa, ele estava fazendo o avião e me desafia:

On.: Vamos ver quem faz o melhor avião?

Digo: *Você ganhou! Não sei fazer aviões de papel, embora sempre me ensinem. Você me ensina?*

Ele topou. Eu: *Você que vai me ensinar a fazer e depois fazemos um jogo?*

On. gostou muito da ideia: *Meu avião é muito bom, consigo fazer ele voar e dar piruetas!*

Organizamos juntos a caixa.

Ele me ensinou a fazer um avião de papel sem bico e me convidou para jogar, combinamos as regras do jogo, jogamos, foi bem disputado, eu ganhei por muito pouco.

Nós disputamos quem era o mais veloz e pousava mais distante.

On. ficou um pouco decepcionado, mas conseguiu lidar com a frustação.

Saiu da sessão tranquilo e contemplado, insistiu se podia levar algo da caixa para casa, eu disse que ele sabia dos combinados e seguiu tranquilo.

Quando saímos da sala deparei com a mãe querendo saber quando teríamos resultados desses encontros, pois na escola está muito difícil, que ela quer muito que isso aconteça, que ele precisa fazer as coisas da escola.

Isso aconteceu enquanto eu estava abrindo a porta para acompanhá-los.

Eu disse: *Zen., vamos ter uma conversa em breve que falaremos sobre isso também e ainda teremos uma devolutiva.* Nesse momento, On. repetiu: *Devolutiva?.* Eu: *Sim, baseado nos nossos combinados.*

Assim foram para o parque que iriam encontrar com parte da família.

Considerações

No campo da fantasia, On. apresenta autorregulação, quando conversamos sobre o zumbi imediatamente pudemos nos conectar e sua imaginação contribui para alterar seu humor.

Enquanto mexia com as miçangas pediu ajuda algumas vezes, fiquei atenta para não fazer intervenções desnecessárias, sempre aparece a pergunta interna do lugar professor/terapeuta, é um processo de aprendizagem interpessoal, que observo o aspecto intrapessoal de On., ao mesmo tempo conecto comigo, criando uma ação sistêmica um processo de aprendizagem conjunta e conectada tanto para On. quanto para mim. Aqui percebo que On. está me contando sobre a vida dele, mas ainda não identifico o que é realidade o que é fantasia. Esse tem sido o desafio da relação.

Todas as vezes que ele retomava a caixa, uma euforia o tomava com as perguntas e o maravilhamento. Apropriado de técnicas e criatividade, mesmo com algumas frustações como a do arame que não contemplo seu desejo, suas estratégias eram criativas e rápidas para suas composições.

CAIXA PSICOPEDAGÓGICA 2

19 de outubro de 2022.

Todo o fluxo se dá com mais compreensão, acomodação, contorno e integração. Em supervisão fizemos a escolha de manter a caixa com os mesmos elementos e apenas acrescentar o arame, material que já tínhamos a ideia de tê-lo, alicate para a compreensão do trabalho integrado e o livro *Zumbis* para conectar os pontos escutados.

Para além dos materiais, um contorno com a mãe também seria posto se necessário, refletimos também sobre a questão do "namoro" que se apresentou no último atendimento, já adianto que são esses os eixou da sessão.

Nosso encontro era às 18h, estava pronta, as badaladas da igreja na rua soaram, fechei meus olhos e fiz uma respiração profunda.

Eles chegaram um pouco depois que as badaladas terminaram.

Dessa vez subiram direto para a sala, quando chegaram eu estava pronta, On. solicitou para fazer um chá.

Eu: *Pode fazer, você já consegue.*

On.: *Não consigo.*

Zen.: *Eu faço para você.*

Eu: *Eu vou acompanhar ele aqui no atendimento, ele dá conta de fazer o chá, pode deixar que se ele precisar de ajuda eu posso ajudar.*

On.: *Eu não sei, não.*

Eu: *On., você precisa de ajuda?*

On.: *Sim.*

Eu: *Vou ligar na tomada aqui, olha, você consegue fazer.*

Enquanto eu ligo na tomada, ele pega o pacote de chá, tem uma dificuldade ao abrir. Zen. queria ajudar de qualquer forma.

Eu: *Pode deixar Zen., vou ajudá-lo.*

On. consegue, mas ao abrir rasga o fio do chá, fica um pouco nervoso e Zen. mais uma vez tenta interferir.

Eu: *Zen. aqui ele vai fazer sozinho, se precisar de ajuda, ele pede, e eu vou ajudar.*

Zen. ficou olhando, com o corpo um pouco fora de lugar, sentou-se, depois levantou.

Enquanto isso, On. fez um furo no saquinho de chá, passou o fio e deu dois nós solucionando o problema.

Eu: *Ótimo, conseguiu! Muito bom.*

Entramos, On. pediu para sair da sala e adoçar o chá, acompanhei-o e, mais uma vez, Zen. levantou-se para pegar a colher, intervi, peguei das mãos dela e entreguei para On.

Fomos direto para a caixa dessa vez, ao lado estavam as massas secas do último encontro, ele foi até elas e disse: *Secaram!*.

Atentei que, nos próximos encontros, pediria para ele fazer algumas coisas, mas neste o jogo era o mesmo da semana anterior, perguntei se ele lembrava.

On.: *Fazer coisas com a caixa!?*

Eu: *Isso! O que esses materiais te ensinaram e o que você aprendeu.*

On. foi para a experiência.

On.: *Tem coisas novas!*

Comentário seguido de muitas perguntas:

Como eu vou cortar?

Tem alicate!

Por que tem duas pontas?

E as massas?

Sigo silenciosa nessa sessão e atenta às atitudes de On., que são suas respostas. Ele pegou o arame, cortou com o alicate, fez uma forma oval, contornou com a massa preta. Como não ficou satisfeito, abriu a massa, dobrou na mesa, amassou com a palma da mão, levantou-se para usar a força do corpo todo, deu uns murros na massa para ficar mais aberta e abraçar a forma. Num primeiro momento, On. tenta fazer um tronco. Durante a sessão, divide os arames em partes, diferentes, modula as massas envolta dos arames, utiliza-se de alicate com facilidade e tenta encaixar as partes.

Durante o processo, sua bancada de trabalho fica desorganizada, as massas caem no chão, o arame às vezes não corta e com a força que faz para cortá-lo derruba as outras partes no chão, o arame não fixa dentro da massa. Tais acontecimentos deixam-no incomodado, ora faz reclamações, ora irritações aparecem, que são demonstradas com palavras e atitudes.

As dificuldades de conectar a massa ao corpo foram o momento mais desafiador para On., ele modelava o braço, conectava o arame à massa e ao levantar a escultura para testar, deslizava e caia. Nesses momentos falas com um tom de desaprovação consigo aparecem: *"Merda"; "Bosta"; "Saco";* e *"Seu burro".*

Eu: *O que está acontecendo?*

On.: *Não deu certo, peraí!*

Logo, muda de estratégia, decide fazer um corpo só, todo conectado, com um arame faz o tronco, parte inferior e superior, modula a massa inteira nele e depois com o alicate separar as partes, com outro pedaço de arame faz os detalhes e os braços.

Todas as suas produções são carregadas de detalhes, contornos, volume e textura.

A primeira tentativa era um homem que tinha o desenho dos gominhos da barriga e um furo para representar o umbigo. Na segunda produção, uma mulher, fez a estrutura com volume, formas, cores e uma história.

Quando On. estava fazendo os detalhes de uma roupa íntima na parte inferior do corpo, pergunto o que é.

On.: *Calcinha!*

Eu: *É uma mulher?*

On.: *Ahã.*

Eu: *Você conhece?*

On.: *Não, não é só uma mulher.*

On. me olha para saber qual era a minha reação. Uma sessão mais silenciosa, On. estava integrado e concentrado na sua ação. Quando estava com a escultura "pronta":

On.: *Oh!*

Eu: *O que você achou?*

On.: *Dá para eu vender no museu.*

Eu: *Você gostou?*

On.: *Sim, quero mostrar para a minha mãe.*

Eu: *Combinamos que teremos esse momento, não será agora.*

Nesse momento anuncio que estamos próximos ao final da sessão.

On.: *Merda! Tem que acabar logo.*

Já conecta com a fala:

On.: *É a minha namorada Laurrane, vou encontrar com ela amanhã.*

Eu: *Criança namora?*

On.: *Você não conta isso para a minha mãe, tá?*

Eu: *A mãe dela sabe que vocês namoram?*

On.: *Sim, ela me chama de genro.*

Eu: *Como é o namoro de vocês? Vocês são muitos amigos, é isso?*

On.: *Não, beijamos na boca, coloca a língua para a fora, assim; balança a cabeça, demonstra com o corpo.*

Eu: *Você vai contar para a sua mãe?*

On.: *Não, ela não sabe, ela acha que eu nem saí das fraldas ainda.*

Eu: *Você já cresceu, né? Por isso que você está dizendo que namora. Por que você não conta?*

On.: *Ela vai me dar uma surra! Vai ficar furiosa, ela não quer que eu namore. Eu beijo a Laurrane no banheiro do curso, ela tem 18 anos.*

Eu: *Como assim?*

On.: *Mentira, quer dizer, 13.*

Eu: *Quantos beijos vocês dão?*

On.: *Depende da saudade, 5, 10.*

Eu: *Tudo no banheiro? Ninguém vê?*

On. começa a mudar de assunto, se dispersar, retomo que nossa sessão acabou, ele não consegue organizar muito bem os pertences da caixa, abre a porta e sai para se conectar com a mãe.

Considerações

Uma sessão que iniciou com 18 badalas do sino da igreja da rua Maranhão, On. ainda não havia chegado, para mim foi um momento de conexão, respiração e gratidão pela vida, aproveitei para conectar com aquele estado e com todos os sentidos daquele instante, logo chegaram.

A sessão com On. percorreu em maior parte do tempo em silêncio, em supervisões, Babi e eu fizemos antecipações que se apresentaram ao longo da sessão, com uma escuta sensível e atenta de todos os detalhes. On. apresentou exatamente os acontecimentos que analisamos em supervisão, transborda a sua experiência anterior, a relação com a maternidade, o feminino e a sexualidade.

Um deles era com Zen., com sua necessidade de proteção, zelo, suas atitudes em fazer tudo por On., ações que ele já pode fazer sozinho, logo no começo da sessão já foi necessário estabelecer limites e contornos para criar um espaço e repertório para On. e Zen. encontrar autonomia e confiança nas capacidades e responsabilidades.

A escolha da matéria e presenciar o trabalho na produção da escultura de um corpo, com massa, arame, os contornos que On. faz, detalhes, ideias, perguntas que ele mesmo responde, apresenta seu processo de aprendizado; modelado, estruturado, questionador, com detalhes. Com estratégias e ideias, com o próprio arame ele tira os excessos, as sobras, o que não serve; inventa, cria possibilidades para sua produção ser estruturada até o final, sua inquietação apresenta-se ao perceber que talvez não consiga, nos instantes em que os eventos não saem como esperado, quando o tempo está para acabar e seu processo não está acabado.

Nessa sessão, On. apresenta em falas e atitudes a necessidade de ser visto que cresceu, reconhecido e validado na sua capacidade de autonomia e sabedoria.

Cheguei à casa, estava mais introspectiva naquela semana, estudando sobre consciência quântica de Amit Goswam por conta do TCC, atenta a qualquer pensamento, fui tomar um banho; ao sair, passei um óleo essencial de Patchouli e Rosa Mosqueta, mais uma vez agradeci a presença de On. em minha vida, as escolhas, os acontecimentos, me veio a imagem de uma terço, a conexão e a espiritualidade que há em mim, já rezei algumas vezes na vida, lembrei da minha escola católica, o quanto isso naquela época significava algo para mim, hoje não mais, então logo acessei aquele silêncio da bela capela que tinha na minha escola, era sobre o silêncio que a minha consciência acessava. Era sobre a minha potência no silêncio, o valor atual da GRATIDÃO e do silêncio como espiritualidade, essa sessão me trouxe essa compreensão.

Enquanto escrevo, escuto a supervisora aqui no pé da minha orelha, o quanto On. fala de mim? O que ele fala de mim? O que ele conta para mim?

O silenciar, o respirar, o transbordar, o contornar...

Figura 1 – Corpo

Fonte: a autora, 2022

6

PAR EDUCATIVO

26 de outubro de 2022.

On.: *Cinco mil e novecentos e tarará*. Enquanto eu abria meu caderno e colocava a data, On. estava agitado e falando coisas aparentemente sem conexão, e eu tentava de alguma forma me aproximar.

Nessa história confusa, com o corpo que se balançava pela sala, On. me contava seu dia. Disse ter ido ao hospital.

On.: *Vou te esganar, mino. Eu fui à praça 18 que fica próximo ao trabalho do meu pai, que tem os 'Chão de Tiras'.*

Eu tento acessar: *Quem são esses?*

On.: *Uma gangue mascarada! Vou lá aprender uns golpes com eles, eu não sou mentiroso, eu não gosto quando você fala que eu sou mentiroso.*

Enquanto falava, seu corpo articulava movimentos, de golpes de luta, pegou um papel que estava na mesa para a nossa proposta para interpretar uma cena. Eu tentava de alguma forma entender, percebi ali que tinha uma necessidade e algo a ser expresso ao mesmo tempo, percebi por muitos desses gestos e falas que ele tinha expressado simultaneamente, comunicava alguma memória, fazia perguntas para tentar compreender onde o pensamento dele poderia estar ou chegar. Os gestos eram atravessados por falas, movimentos, andava de um lado para o outro na sala, girava... E eu ali, em silêncio, em minha postura fusional, às vezes, repetia as falas dele como pergunta. Percebi que On. buscava autorregulação. Uma história de gangue, disputa, briga, xingamentos até chegar em um papel do hospital, que ao fim da sessão fiquei sabendo que naquele dia o diagnóstico foi entregue no hospital pelo médico.

> On.: *Eu peguei o papel que eles xerocaram no hospital, pisei, amassei, sai correndo, dei uns chutes, nos enfermeiros, maior confusão, aqueles homens me pegaram, seu moleque filho de uma puta!*
>
> Eu: *Isso tudo no hospital?*
>
> On.: *Eu não minto.*
>
> Eu: *Você já me falou isso. Que não mente.*

Em supervisão com supervisora, percebemos que nesse momento acontece o fenômeno da fusão, e On. regula-se na proposta de um jogo, eu lembro a sensação de conexão e o relaxamento dele nesse momento.

> On.: *Vamos fazer o que hoje? Jogar?*
>
> Eu: *Sim, vamos jogar também, mas hoje vamos começar com uma proposta como nós já conversamos nos outros dias.*

Nesse momento, On. apresenta o corpo menos agitado, senta-se na cadeira. Apresento a consigna: *"Desenhe uma situação que você aprende"*.

Entrego a folha sulfite para ele, que amplia em horizontal, diante da diversidade de cores, escolhe o preto e começa seu desenho, retângulos, mas rapidamente, muda, vira a folha de lado e a coloca em vertical e surge seu desenho.

On. me conta: *Bati na minha amiga na escola, saiu sangue do nariz, estou suspenso.* Enquanto falava, apresentava normalidade ao apresentar os fatos.

> Eu: *Você se sentiu como?*
>
> On.: *Bem! Ela mereceu. Apanhou porque me bateu primeiro, eu estava brincando com um amigo, ela me*

bateu, eu dei um bofetão muito forte nela, o nariz dela sangrou, escorreu tudo, pela boca até a camiseta dela ficar tudo suja de sangue.

Eu: *Quantos dias você está suspenso?*

On.: *Até a semana que vem.*

Eu: *Como você se sente sem ir para escola?*

On.: *Superbem, em casa eu fico bem, minha mãe bate bafo comigo.*

On.: *O sol! Desenha o sol.*

Seu desenho não demora muito a terminar, começo as perguntas sugeridas.

Figura 1 – Desenho On., situação de aprendizagem

Fonte: autora, 2022

Eu.: *Quem aprende nessa situação?*

On.: *É para aprender...* — ia completar como se fosse dar instruções, decido interromper.

Eu: *Quem aprende?*

On.: *Eu.*

Eu: *Onde você está?*

On.: *Numa rua.*

Eu: *Você conhece?*
On.: *Não.*

Eu: *O que você aprendeu?*

On.: *Que tem que esperar o farol ficar verde para os pedestres passar.*

Eu: *Você está sozinho?*

On.: *Sim.... Tem pessoas no carro, não é mesmo?*

Eu: *Como você está se sentindo?*

On.: *Normal! Tô sentindo uma coisa que faço todos os dias.*

Eu: *Se você tivesse que pensar engraçado, interessante, o que seria?*

On.: *Por olho no Sol! Assim, faz!*

Pega uma outra folha, e desenha um alvo.

On.: *Bora jogar?*

Aceitei o convite, tinha uma energia corporal presente ali, que o desenho organizou, mas ele precisava do espaço do desafio mental e corporal.

On. é criativo. Desenhou cinco círculos, preencheu cada um deles; o primeiro com 100; depois 50; depois 30; depois 2; depois 1; pegou a fita da caixa, sempre adiciona as perguntas que não precisam de respostas, está falando com ele mesmo.

On.: *Liberada a caixa, né?*

Eu.: *Vai colocar onde? Precisamos pensar como será esse jogo.*

Eu: *Que Jogo é esse? Alvo?*

On.: *Isso, igual quando o chinelo da minha mãe acerta em mim.*

Eu: *Em qual alvo que acerta?*

On.: *Aqui!* — Aponta para o 100.

Nesse momento, ele percebe que está faltando 0 do 20 e do 10. Pega um giz e corrige com muita naturalidade.

Eu: *Qual é a força?*

On. se posiciona e acerta com a bolinha de papel no centro do alvo pendurado na parede.

Eu: *Como será nosso Jogo? Vamos combinar as regras.*

On.: *Quem fizer mais pontos ganha!*

Eu: *Quantas vezes vamos jogar?*

On.: *Até acabar o tempo.*

Ele respirava fundo, erguia o corpo.

On.: *A força do Thor!*

Mirava e acertava no alvo.

Eu: *Uau, que mira...*

Sugeri que fizéssemos um placar, a sessão tinha 20 minutos.

On. foi ficando relaxado durante o jogo, quando foi escrever meu nome no placar percebi que não sabia que meu nome era Priscila, contei para ele, ele não quis corrigir no papel, ele necessitava canalizar aquela sensação/energia (euforia) presente.

Enquanto o jogo se dava, On. foi conversando: dizendo que estava cansando, que não "tem tempo", que seu dia é muito ocupado, em alguns momentos verbaliza alguns palavrões, como "filha da puta"! Essas falas vêm com a possibilidade de jogar, um jogo que lhe possibilita movimentar-se pelo espaço, que tem um desafio mental e corporal, uma disputa entre nós dois, um alvo.

On. estava com excelente mira e força naquele dia; seu corpo fazia movimentos sincronizados com a respirações que chegavam a diferentes posturas, proporcionando concentração e silêncio; respirava, fechava seus olhos, colocava suas duas mãos uma em frente a outra, uma postura de deuses, guerreiros, *yoguers*, ninjas, monges. Eu não estava nessa mesma vibração, consegui menos pontos que ele, mas passei a imitá-lo, pois esse exercício de respiração, concentração, foco e atenção, estava potente.

Eu: *Interessante esses movimentos de respiração e concentração que você faz. Onde você aprendeu?*

On.: *Aqui, agora!*

Ficamos jogando, On. não queria que o jogo acabasse, propôs estratégias que os nossos pontos de alguma forma fosse equalitários, ele fazia cálculos mentais que aproximassem os números finais dele e colocavam na parte de fora da folha que era onde eu acertava mais.

Assim, também pudemos conversar sobre ganhar, perder, regras flexíveis e não flexíveis.

Ele foi me fazendo as propostas e eu fui aceitando. Estávamos no final da sessão, de alguma forma On. quer deixar a situação confortável para todos, demonstra seu interesse em equalizar, tudo bem para ele essa força toda que demonstrou, no final ele apresenta a possibilidade de ceder, propor estratégias, flexibilizar, participar, sempre com ajuste criativo.

Figura 2 – Alvo e marcações

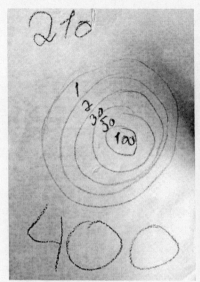
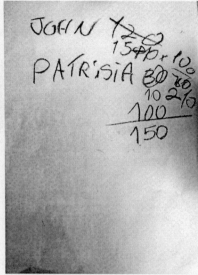

Fonte: a autora, 2022

Em supervisão: O desenho — faça uma descrição dele.

Retângulos, pontos, cruzes, pequenos, grandes, linhas, retas, traços que se constituem com tranquilidade e leveza, com linhas pretas que vão e voltam no papel, que movimentam na mesa de madeira, retângulos diversos, círculos, linhas retas, circunferências ovais, linhas horizontais, verticais, arredondadas, curtas, longas. Compõe um espetáculo para mim. Enquanto desenha, algumas palavras também contornam, as cores são sutis, detalhes conectados do céu à realidade. O Sol! Ele sempre brilha, sorri. Sentido, setas, velocidade — verde e amarelo — a árvore grande com detalhe marrom escuro e claro.

Quando olhamos para o desenho em supervisão, chegamos à análise de que o pai é o Sol, que não tem pupilas e, de alguma forma, se faz com um olhar após a pergunta *"Pensar em algo interessante, o que seria?"*. A mãe na figura da árvore abaixo do pai.

On. sozinho nessa aprendizagem incomum dele, com sinais verdes e amarelos, confusos, a chuva e o sol, um clima confuso, essa rua que é um ambiente ampliado da casa e da escola, sem muitas direções, muitas janelas fechadas e portas fechadas.

Considerações

Um atendimento desafiador, On. estava muito atravessado pelo fato de ter aquele diagnóstico, que só fiquei sabendo ao final da sessão que eles tinham ido ao hospital buscar o documento para apresentar na escola.

O Jogo do Alvo foi um regulador para as emoções dele, que além de possibilitar um diálogo, foi possível canalizar a euforia presente e toda a sensação que transbordava naquele dia para ele.

Na busca de analisar os acontecimentos e o que é possível acessar, o que nos chama atenção é a normalidade das narrativas em relação à violência, tem sido uma constância em nossos encontros, apresenta-se um aspecto de negligência nesse caso.

O corpo de On. é enérgico, pulsa todos seus sentimentos, nesse encontro foi inicialmente desafiador compreender o ponto conectivo da nossa sessão, assim que isso aconteceu, nos possibilitou acessar um diálogo de uma inteligência criativa e compassiva.

7

HORA DO JOGO

9 de novembro de 2022.

Quando On. chegou estava com um celular na mão, jogando algo, nem me cumprimentou ao entrar na recepção. Zen. tentava de alguma forma dizer que não estava confortável com aquilo.

Eu: *De quem é o celular?*

On.: *Meu!*

Zen.: *Ele encontrou em casa esse celular e agora é assim... On., vamos, me dá esse celular para você ir para a atividade...*

On.: *Não, o celular é meu, vou ficar com ele.*

Zen.: *On., você precisa me dar o celular, você estava tão bonzinho.* Um tom amoroso com ressalvas (um tom de reprovação da atitude dele).

Eu: *On., você pode levar o celular para dentro, não usaremos ele.*

On. entrou e aceitou a condição.

Na sala estava disponível a mesa com os jogos.

On.: *Vamos jogar hoje?*

Eu: *Sim, hoje será* **A hora do jogo**, *podemos escolher as regras ou seguir a proposta do próprio jogo* [consigna].

> On.: *Foi decidido até a mesa e pegou o Cara Cara. Vamos com esse.*
>
> Eu: *Você conhece?*
>
> On.: *Não!*
>
> Eu: *Como faremos?*
>
> On.: *Vamos ver como é, né?* Olhou para mim, para saber se eu aprovaria a proposta de seguir as regras propostas pelo jogo.

Peguei a regra de jogo e li para nós em voz alta, On. logo lembrou de um outro jogo que tem o nome diferente, que é um jogo similar.

Antes de começar o Jogo pergunto: *Você lembra meu nome?*

> On.: *Sim, Priscila.*

Com a intenção de confirmar como estava estabelecido nosso vínculo ali, pois no jogo anterior ele tinha me dado um outro nome para eu participar. Assim, iniciamos nosso jogo.

O jogo fluiu, estávamos com uma versão que tem um tabuleiro com pontuação. Tivemos que definir algumas características no caminho que não ficaram claras para On.

> Eu: *É negro?*
>
> On.: *Não.*

Eu estava com o Pablo levantado e o Rafael. Os dois negros com tons diferentes. Arrisquei: *Então é o Rafael?*

> On.: *Não.*
>
> Eu: *Ué o que será que aconteceu?*
>
> On.: *É moreno.*
>
> Eu: *Para mim, é negro.*

On.: *Não tem negro nesse jogo, só moreno.*

Eu: *Nenhum?*

On.: *Não, nenhum. Todos são morenos.*

Fiz uma comparação com os outros negros do jogo.

On.: *Só moreno. Todos são morenos.*

Eu: *Vamos jogar como?*

On.: *Todos são morenos.*

Seguimos assim.

On.: *Vamos fazer uma aposta?*

Nesse momento, ele estava ganhando já de mim.

Eu: *Depende.*

On.: *Quem ganhar, ganha um abraço!?*

Eu: *Amei essa aposta, saímos ganhando sempre!*

Sorriso no rosto, cabeça que afirma. Quando anúncio que está para acabar o nosso tempo, On. me conta:

On.: *Eu encontrei o Dindo lá na diretoria da escola.*

Eu: *Quem é o Dindo?*

On.: *O Pai da Lívia. Minha amiga da escola.*

Eu: *Por que você encontrou com ele na diretoria da escola?*

On.: *Eu fui lá levar uns documentos para a professora, ele estava lá conversando com a diretora da escola.*

Eu: *O que você sabe?*

On.: *Deve ser porque alguém bateu nela, porque ela provocou.*

> Eu: *Ela te provoca?*
>
> On.: *Não, ela é minha amiga.*
>
> Eu: *Ela te contou isso?*
>
> On.: *Não, mas só pode ser.*

On. ganha o Jogo! 7X5. Quando está saindo da sala, eu o chamo:

> Eu: *Não vai levar sua aposta, não!? On. dá uma meia-volta, sorri e me abraça forte!*

Eu também acrescento um carinho nas costas.

Considerações

Decidi em supervisão adiar, tivemos um feriado e percebemos a resistência da família para a participação desse encontro, por isso decidimos adiar a anamnese.

A anamnese foi muito sábia e enriquecedora para o processo. Viver e desdobrar a sessão do desenho do par educativo para a hora do jogo foi um processo terapêutico para On. e de aprendizagem para mim. Tudo reverbera a sessão de hora do jogo com presença, atenção, observação. Após a análise do processo anterior, notou-se possível adentrar com mais perspectivas para essa sessão.

Durante o jogo, On. respeitou as regras, inicialmente as perguntas que fazia eram mais relacionadas a características físicas, sem detalhes, mais globais (homem, mulher, tem cabelo curto, usa chapéu, usa óculos, cabelo amarelo).

Começou a repetir algumas perguntas que eu fazia, logo seguidas das minhas, criando repertório para o jogo ficar com mais detalhes e aproximar de características e expressões (cabelos curtos, nariz pequeno, boca grande, bigode, brinco, loiro).

Chamou minha atenção, ele não reconhecer que havia negros no jogo e não diferenciar os tons de peles, uma questão de raça e cor.

Quando estávamos no meio das partidas, que foram bem disputadas, On., que normalmente expressa muito com seu corpo e palavras, passou a bater as mãos no divã e xingar para demonstrar seu descontentamento, um ato de autorregulação (*o divã compõe nossas sessões de diversas formas, em especial para acomodar o corpo dele; deitar-se, sentar-se, relaxar-se, levar materiais e produzir*).

Durante toda a partida, enquanto eu baixava as minhas cartas do jogo, On. também baixava a persiana que fica localizada acima desse divã, eram movimentos sutis que foram acontecendo na sessão. Observei que ele estava muito cuidadoso, quando percebeu que não conseguiria abrir de volta, pediu ajuda para ajustar e falou que ficou preocupado de ter estragado; aqui demonstra sua corresponsabilização com o ambiente da nossa sessão e nossos combinados de respeito.

Quando estávamos próximo ao final do jogo, On. não queria que acabasse, a proposta de equalizar nossa relação foi a aposta do abraço, que confesso ficar extremamente afetada positivamente e entender o quanto nossos encontros são afetivos para On.

Nos últimos 10 minutos, On. costuma me contar algo da escola, sempre algo relacionado aos fatores externos, ao meio educativo; os relatos de On. sempre reverberam. Enquanto escrevo esse relato fico com a referência de *A inteligência aprisionada*, a obra de Alicia Fernández (Fracasso escolar por problema de aprendizagem reativo) (p. 87-88; 1991):

> O determinante em sua produção tem a ver com fatores externos à criança ou ao adolescente. Resulta por exemplo, a má inserção no meio educativo..., poderá superar-se o transtorno de aprendizagem, já que não se instalou na estrutura interna do paciente, nem se prendeu a esta situação externa com significações atribuídas inconscientemente pelo sujeito ao aprender e ao conhecer, anteriores a esta determinante externa. O problema de aprendizagem reativo não implica necessariamente uma modalidade de aprendizagem alterada, nem uma

atribuição simbólica patológica ao conhecer, nem uma inteligência atrapalhada.

Para Fernández (1991), 50% das causas das consultas psicopedagogias não estão atribuídas à sintomática de uma família e de um sujeito, mas de uma instituição socioeducativa, que expulsa o aprendente e promove o exitoso e o fracassante. Uma questão do sujeito reativo a um sistema que não o aceita, que não reconhece seu saber (aquele abraço com afeto e carinho corporificou).

8

DESENHO DA FAMÍLIA

16 de novembro de 2022.

Zen. me pediu documentos para comprovar a estada dele no atendimento.

On. chegou com figurinhas da copa, entrou e me contou dos valores e qualidade de algumas delas. Um dia chuvoso, abafado, On. reclama de sentir-se cansado (sem energia).

Sigo interessada em saber dos valores e trocas que ele faz com as figurinhas, me diz que um jogador vale 1.000 reais. Assim, entra em uma narrativa de que dois amigos lutaram na escola até a morte para disputar uma figurinha valiosa, com socos, chutes...

On.: *Até que o Jo. chutou o maxilar do Palo. e ele desfaleceu no chão, morreu, desmaiou, ficou desmaiado.*

Eu: *Tudo isso por uma figurinha?*

On.: *Sim, são muito valiosas.*

Eu: *Você já disputou figurinha assim?*

On.: *Não, eu só acho engraçado, dou risada.*

Nesse momento, começa a soar o som dos sinos.

On. parou tudo, foi ao encontro com o maravilhamento que é experimentar as 18 badaladas, On. transforma o pensamento para atentar-se ao som e descobrir de onde vem.

On.: *O que é isso? Você escuta? São sinos. De onde vem? Aponta para o sentido exato daquele soar.*

Eu respiro profundamente e agradeço. Passados esses minutos, ele se deita no divã e pergunta: *O que faremos hoje?*

Eu: Um desenho da família.

Lá estava à disposição a folha A4 em branco e os lápis coloridos e ao meio um grafite.

On.: Cadê o preto?

On. pega o lápis preto e pega a folha e com rapidez desenha três personagens e os nomeia na ordem que desenhou. Pai, Eu, Mãe.

Figura 1– Desenho da família

Fonte: a autora, 2022

Sigo com as perguntas. Eu comuniquei que iria fazer umas perguntas, ele pegou as cartas e começou a organizar por times no divã. Ele estava atento e me respondendo bem direto.

1. Onde estão as pessoas?

On.: *Num fundo branco. Sei lá.*

2. O que elas estão fazendo?

On.: *Tirando foto.*

3. Qual o nome das pessoas, começando pela primeira que você desenhou.

On.: *Feliz ueu pipaxi, On. e Zen.*

4. Diga-me o sexo, a idade e o papel na família de cada personagem.

On.: *Ihhh não sei, me complica assim. 45, mãe 4Ze eu 12 eu acho que é isso. Eu errar a minha própria idade que depressão, hem... O papel do meu pai é trazer comida, o da minha mãe é fazer comida. Silêncio...*

Eu: *E o seu?*

On.: *Comer a comida!*

5. Qual a melhor pessoa nessa família? Por quê?

On.: *Eu, porque eu sou bonito, cheiroso e gostoso!*

6. Qual é a pior pessoa nessa família? Por quê?

On.: *Não tem! Todos me tratam igual e são as melhores pessoas do mundo.*

Nesse momento, ele parou para olhar para mim, mudou o tom de voz, ficou nada sarcástico.

7. Qual pessoa é mais feliz?

On.: *Minha mãe, meu pai, eu, porque eu sou a criança mais feliz do mundo.*

8. Qual é a pessoa menos feliz?

On.: *Não tem, não tem não, todos são felizes.*

9. Quem você prefere nessa família?

> On.: *Eu, se eu for escolher um dos meus pais eles vão ficar bravos, então vou escolher eu.*

10. Uma das pessoas se comportou mal. Qual? Que castigo teria?

> On.: *Ninguém!*
>
> Eu: *Faz de conta!*
>
> On.: *Eu, o castigo um tapa na cara forte!* (bate na mesa bem forte e repete mais uma vez).

11. A família vai passear numa festa bonita. Não podem ir todos. Quem fica?

> On.: *Eu.*

12. Se você fizesse parte dessa família, quem você seria? Por quê?

> On.: *Meu pai, porque sim, uai.*

13. Que outra pessoa você gostaria de ser?

> On.: *Meu pai.*

14. Você gostou de fazer o desenho?

> On.: *Sim, mas não porque fiz com preguiça.*

15. Você mudaria alguma coisa nele? O quê?

> On.: *Não.*

Ao terminar decidi acrescentar a pergunta como você está?

> On.: *Bem, vamos fazer shuriken para jogar? Você sabe o que é?*

Ele foi até a caixa pedagógica e começou a jogar tudo no chão, com muita força; a sacolinha da família foi arremessada também, mantive o silêncio.

> On.: *Não tem tesoura aqui.*
>
> Eu: *Ué.*

Segue revirando os materiais e deixando algumas coisas caírem ao chão.

> Eu: *Estão caindo muitos materiais no chão, precisará deixá-los na caixa até ir embora.*
>
> On.: *Vou arrumar depois.*

Mantenho silêncio.

> On.: *Encontrei a tesoura.*

Volta para a mesa com tesoura, elásticos, fitas adesivas de diferentes cores.

> On.: *Quantos anos tem seu filho?*
>
> Eu: *7 anos.*
>
> On.: *Ele gosta de shuriken?*
>
> Eu: *Você sabe fazer?*
>
> On.: *Sei!*

Então me ensina como fazer uma.

> On.: *Vamos, pegue um papel, faça comigo.*

Assim, vai me dando o passo a passo de fazer um origami de shuriken.

> Eu: *Você já ensinou isso para seus amigos? Onde você aprendeu?*
>
> On.: *Sim! No YouTube.*
>
> On.: *Você conhece a flor de Lótus?*
>
> Eu: *Sim, acho ela maravilhosa.*
>
> On.: *Você sabe o significado?*
>
> Eu: *Qual?*

> On.: *Renascimento.*
>
> Eu: *Que interessante. Você sabe fazer origami dela?*
>
> On.: *Não. Sei outros origamis.*

Aviso que nosso tempo está para acabar, faltam 10 minutos. Ele propõe jogar uma partida de pega vareta. Combinamos a regra do jogo e seguimos para a partida.

On. demonstrou conservação na quantidade de cada palitinho, um cálculo mental junto de contas com o apoio de seus dedos para a soma dos resultados. Não utilizou estratégias antecipatórias para escolher os palitos, pois estava com o foco em ter o palito de maior quantidade. Isso fez com que perdesse o jogo, pois eu consegui pontuar mais. Quando termina o jogo, levanta-se e dirige-se para a porta...

> Eu: *On., você disse que depois organizaria os materiais que jogou no chão para pegar a tesoura.*

On. volta um tanto incomodado com a minha intervenção, joga na caixa os materiais.

Mantenho silêncio sem julgamento, peço por favor para ele pegar um pedaço de papel que está embaixo do sofá, aberta para um não, se ele dissesse, não aceitaria.

Ele me propõe uma "aposta".

> On.: *Se eu acertar essa bolinha de papel* (feita com a sobra de material) *de costas no cesto eu ganho um abraço?*

Eu sorri, grata e feliz, digo: *Um beijo também!?*

Ele errou a primeira e acertou na segunda! Beijos e abraço!

Saímos da sala diferentes.

Quando saímos da sala, abordei Zen. para marcar a anamnese. Eu já tinha tentado algumas vezes marcar essa conversa, mas de alguma forma ela desconversava, na semana anterior, desmarcou, percebi que tinha relação com a presença do pai. Isso se confirmou na nossa conversa, ela disse que Isas. (pai) não está disposto a participar de uma conversa e nem de uma proposta com o menino, que é muito difícil para ele. Assim, sugeri que fosse uma conversa inicialmente só com ela, e depois pensaríamos como fazer com o Isas.

On. ficou um pouco incomodado, quando Zen. estava relatando essa "dificuldade" do pai; então, achei importante dizer para os dois ali naquela sala: *Nós estamos conversando para encontrar um caminho compartilhado On., você também participa disso, estou propondo que seu pai venha participar, sua mãe está me dizendo que isso é difícil, eu vou conversar com ele, como eu já disse para você não tem uma regra rígida são combinados e nós adultos também precisamos combinar.* On. chegou até a empurrar Zen. com o corpo, porém depois que comuniquei que estávamos combinando como prosseguir, sentou-se e esperou nossa conversa.

Zen. me deu a sugestão de tentar escutá-lo on-line, sem a presença dela. Achei interessante, então marcamos a conversa com ela para a próxima semana e manteremos o atendimento de On.

Considerações

Nesse dia, a atmosfera da sala estava diferente.

Eu cheguei antes, acendi um Palo Santo, brinquei, senti necessidade de mexer com fogo e madeira, carregada com um sentimento de gratidão por estar ali, receber aquela criança, naquele espaço acolhedor e amoroso, que uma amiga querida compartilhou – Fernanda Franceschi. Agradeci por ser supervisionada, nesse mesmo dia tivemos uma supervisão estendida, sobre o *ethos* do psicopedagogo/terapeuta, inseguranças, medos, entendimentos, estando aqui meu agradecimento para Anete.

A reflexão vem nessa pausa, pois é essa relação com o sopro que compõe a família no contexto do On., no contexto psicopedagógico que me implica analisar toda a relação da família do On. ser ele mesmo em sua modalidade de aprendizagem, os pensamentos vão se estruturando em narrativa não linear, analítica e constituída em muitas mãos.

Nesse dia On. escolheu ficar com a luz baixa, era um dia chuvoso. Inicialmente demonstrou desinteresse ao se relacionar com a proposta e a ausência do lugar tanto na imagem como na fala apresenta essa característica.

Com uma fluidez no seu desenhar, percebo o quão está estabelecido quem são pai, mãe e filho, dentro de uma delicadeza e leveza, apresenta também com clareza e verdade em relação ao papel e função familiar em sua vida. Em sua narrativa apresenta qualidades sem julgamento e crítica, assumindo responsabilidades na equidade de suas relações familiares, há necessidade de espaço, quando ele sugere que a família vai passear, e ele fica.

Quando ele escolhe amar-se para não criar conflito entre os pais, apresenta aqui o entendimento de sua atitude de autocuidado e cuidado com o outro. Todos se amam com igualdade, e é inegável que a felicidade é um valor latente. Uma fortaleza de ser ele mesmo, o reconhecimento de si na relação com o outro.

Percebo On. seguro ao descrever os papéis familiares, uma definição objetiva. Não reconhece o trabalho de sua mãe que é babá aos finais de semana, sua sexualidade não se apresentou e, no momento de sua narrativa, também não me atentei a perguntar novamente, assunto que já foi abordado em outros encontros.

Sobre o bater/apanhar porque merece é uma narrativa que se repete com frequência em nossos atendimentos, algo relacionado a uma desordem, uma quebra de expectativa, um incômodo cuja consequência é a violência, nesse encontro ele bateu na mesa com muita força para simbolizar a força do tapa que receberia de castigo.

Um certo descaso na parte dele, como ele mesmo relata, "preguiça" se apresentou durante essa proposta, mas aconteceu uma transformação na pergunta número 6, que coloca em dúvida o amor da família, ele ali passou a reconhecer e validar o laço familiar, não se afasta de um amor-próprio, entretanto apresenta um afastamento desse assunto familiar que já se apresentou em outras sessões.

As possibilidades das linguagens artísticas de On. sempre são para ele um portal de autorregulação, criação é um campo de aprendizagem potente e estabilizador, sua perfeição na técnica de dobradura da *shuriken* me impressionou, fizemos algumas, ele também criou um outra espada ninja naquele momento, uma possibilidade de defesa? Enquanto ele me ensina, conversamos sobre o universo ninja.

Atento-me ao significado de LÓTUS? Sim, sempre. Gostei de escutar sobre o significado da flor para ele naquele atendimento "Renascimento", sabia um pouco de alguns outros significados; e quando On. contou fui fazer uma breve pesquisa, descobri que os egípcios e os budistas dão esse significado de renascimento para a flor de lótus. Como a flor de lótus é cultivada? A flor de lótus cresce em água parada ou lenta, como lagos e rios. A planta precisa de bastante luz solar para crescer, então ela geralmente é cultivada em regiões quentes e ensolaradas. Lembro-me do sol que On. desenha e sempre faz brilhar.

9

HISTÓRIA VITAL

28 de novembro de 2022.

Para Pain (1992), a aprendizagem é função que, especialmente na infância e na adolescência, garante a conservação e a expansão do sujeito, bem como sua adaptação à transformação contínua que lhe impõe o crescimento, enquanto o não aprender é disfunção ou inibição. Entretanto, o crescimento da criança transforma continuamente sua posição com relação a pai e mãe, desequilibrando algumas vezes e compensando outras. Os conflitos na aprendizagem, normais ou patológicos, tendem a evitar aquelas mobilizações que o grupo não suporta, de acordo com seu particular contrato de sobrevivência.

Deixei um tempo estendido para esse atendimento com Zen., pois já sei da necessidade de escuta que ela apresenta. No último encontro ela me relatou que Isas. não se sentia confortável com essas conversas nem em participar das terapias de On. Assim, seguimos apenas com ela para essa conversa.

Nesse encontro, foi possível constatar — como já declara Pain (1992, p. 38) — o sintoma evidenciado da família, associado ao fato de que "a falta de conhecimento investe o objeto do amor". Muitas falas de Zen. apresentam amor incondicional e a possibilidade de oferecer para o filho o que não foi possível para ela. A superproteção, como causa de déficit da aprendizagem, tem relação com os fatos que se deram com o diagnóstico de TDAH, dado aos 7 anos de idade. Zen., em sua conversa, costuma relatar que On. sempre foi muito "bonzinho". Em seu relato, ela fica bem focada nos problemas mais recentes da aprendizagem dele e atribui tais questões aos diagnósticos.

No caso de On., como assegura Pain (1992, p. 38), ele reivindica seu direito à independência com a perspectiva de perder toda a proteção e ficar sem nada (especialmente se o outro progenitor é indiferente), o que inibe a criança na sua conquista de mundo.

Esse sintoma é recebido de maneiras distintas para a família. Zen. assume a responsabilidade e relata que, inicialmente, o marido não aceitou o diagnóstico (atualmente existe aceitação). Algumas vezes, quando Zen. fica nervosa com On., ele a conscientiza sobre o diagnóstico. Zen. tem bastante consciência das implicações, porém faltam informações e apoio para compreender processos, interesse e comprometimento que, sem dúvida alguma, no seu cuidado não faltam.

A família pertence a uma classe social cujas conquistas vieram do trabalho, sigo aqui impactada e acolhida pelas palavras de Pain (1992, p. 39), vou apenas colocar o nome da mãe junto ao parágrafo: "A reação de Zen. [familiar] diante do fracasso escolar, ou do não cumprimento das regras gerais do crescimento, depende dos valores que dominam a classe e o grupo social aos quais pertencem a família". Pain (1992) chama de classe operária, na qual identifico a família de On.: moram na periferia de São Paulo, em uma comunidade, a casa é própria, o Isas. trabalha como segurança, e Zen. é babá aos finais de semana, de uma família de médicos em Higienópolis.

Entendo que esse contexto da família de On., como argumenta Pain (1992), propicia a dificuldade de On., vista como um "estar em falta", não estar à altura de uma instituição prestigiosa e alheia, achando que aquela escola não serve para seu filho, mas o que acontece é que a escola não acolhe nem inclui o menino. Pain (1992, p. 39) assevera sobre isso: "quando na realidade faz-se necessário esclarecer que a escola não serve para a criança". Ainda sigo aqui acompanhada dos pensamentos dessa autora; gostaria de escutar Isas. também, quem sabe em algum outro momento. Zen. tem certa ideologia de que Isas. já cumpre seu papel ao "permitir" que ela trabalhe, e, nesse momento em especial, aos finais de semana, pois com todo esse contexto de On., Zen. esteve à disposição, enquanto — segundo ela relata — há um não envolvimento da parte dele na organização da casa, mas diz que só de ele ficar com On. para ela trabalhar é bastante, ela não pode querer mais. Todo nosso encontro foi permeado dessa narrativa não linear, com muita intensidade da parte dela, que tem muito para contar sobre a História Vital.

> Eu: *Vou querer saber um pouco da história de On.*

> Zen.: *Ah... não sei se vou lembrar de tudo com tantos detalhes.*

Zen. contou que ficou grávida de um bebê antes dele e o perdeu voltando do trabalho, caiu do ônibus, em um final de semana. Então, descobriu que tinha miomas e que precisaria de tempo para engravidar, mas não poderia esperar muito, assim seguiu as orientações médicas e engravidou de On. Zen. e Isas. trabalhavam bastante nessa época, ela babá de gêmeas, em uma casa de médicos, e ele já era segurança noturno.

Quando estava com 6 meses, Zen. teve um diagnóstico de placenta baixa e orientação para ser afastada do trabalho.

> Eu: *Você era registrada?*

> Zen.: *Sim.*

Por insistência de seus patrões que não encontravam ninguém qualificado para o cargo e por não querer a licença remunerada pela Caixa Econômica Federal, como ela mesma relatou, Zen. seguiu seu trabalho até os 9 meses de gravidez.

> Zen.: *Trabalhava com as crianças, eles confiavam em mim, precisavam de mim, estava grávida, fui levando, lá tinham muitas escadas, eu ia e voltava, mas nunca achavam uma outra babá, cuidar de criança não é fácil, né? Precisa de muito cuidado, e eles nunca encontravam ninguém bom, eu sei, eu via. Só que eu fui ficando cada vez mais cansada, até que um dia não consegui mais, meus pés ficaram inchados, eu nunca mais fui. Pedi para sair. Às vezes fico pensando se tudo isso tem relação, com não ter ficado em casa, quando o médico orientou parar.*

> Eu: *Você pediu demissão? Não recebeu seus benefícios?*

> Zen.: *Não, eu quis sair, prefiro assim, sabe? Não gosto da Caixa Econômica Federal.*
>
> Eu: *Como foi o parto?*
>
> Zen.: *Foi tudo bem, fui de moto! As pessoas me acharam uma louca.*
>
> Eu: *Um meio de transporte. Você estava se sentindo segura?*
>
> Zen.: *Sim, era nosso meio de transporte, fomos rapidinho, a bolsa tinha estourado.*
>
> Zen.: *Chegamos lá, fomos direto para cesárea por conta da minha condição, da placenta e eu não tinha dilatação. Foi tudo normal, tudo bem a única coisa estranha é que ele não chorou por 5 minutos, ele não chorou, mas depois os médicos não fizeram uma má avaliação ficou tudo bem, ele chorou, só demorou. Eu até fiquei assustada, eu perguntava por que ele não chora, mas depois ele chorou.*

Sigo as perguntas quando necessárias.

> Zen.: *On. foi uma criança muito comunicativa, começou a falar muito cedo, engatinhou e andou na idade prevista e esperada.*

Zen. conta de detalhes como que na gravidez adorava comer; hoje é uma característica que se mantém, aproveito e pergunto como é a alimentação.

> Zen.: *Sempre se alimentou muito bem, ainda ovo é sua comida favorita! Gosta bastante de comer besteira, né? Preciso tomar cuidado para não perder a mão. Por conta dos remédios ficou mais seletivo com os alimentos e desorganizou a alimentação; com a medicação atual precisa comer nos horários previstos, mas existe uma inibição alimentar e uma seletividade maior.*
>
> Eu: *Alguma doença grave? Internação?*

Zen.: *On. tem uma saúde maravilhosa, nunca fica doente, nem resfriado pega. Quando se machuca nem chora, não demonstra ou não sente dor. Uma vez se machucou feio andando de bicicleta, virou a esquina de casa e não voltava, foi atropelado, não queria que avisassem a gente, porque o pai ia ficar bravo, mas não chorou nada e ficou bom rápido.*

Eu: *Isas. fica bravo?*

Zen.: *Não, só quando ele não respeita ou mente, mas não gosta de médico e hospital; então, tudo relacionado a essa área de saúde, eu que preciso resolver. Às vezes penso, será que porque não parei de trabalhar, quando o médico pediu com 6 meses, quando era grave; e por que ele não chorou, quando nasceu, tem relação com todas essas questões?*

Eu: *Quando começaram a aparecer essas questões?*

Zen.: *Foi na escolinha, quando ele tinha uns 3-4 anos que as professoras começaram a perceber, eu também, ele era muito agitado, brigava com todo mundo, agressivo, não parava um minuto, não consegue ficar parado.*

Eu: *Como é a autonomia dele?*

Zen.: *Ele não faz nada sozinho, preciso fazer tudo com ele, desorganizado igual ao pai, eles não fazem nada, no final de semana que trabalho, quando eu chego tenho mais um trabalho, a casa inteira está toda desarrumada. Às vezes é até complicado voltar. Já sei que vou ter que arrumar tudo. Estará uma bagunça. Não deixo On. mexer na cozinha, facas essas coisas, por conta dessa situação, ele se coloca muito em risco; então, não o deixo mexer com faca, fogo. Uma vez, Isas. estava subindo uma laje e tinha areia da construção na calçada, On. subiu na laje e pulou, só descobrimos por que tinha a marca do corpo dele na areia, ele se coloca demais em risco. Isas. já fica com ele para eu trabalhar, não reclama que* eu trabalho; então, decidi que será assim mesmo. Minha vida já mudou tanto por conta de toda essa situação.

Eu: *Quando que ele teve o primeiro diagnóstico?*

Zen.: *Com 6-7 anos teve o diagnóstico de TDAH, mas era muito mais fácil de lidar, não era tão difícil assim. Agora é bem mais difícil, ele é vingativo, não esquece as coisas que falam para ele, quer descontar nos outros, não aceita as orientações, desrespeita, xinga, bate. Sempre fomos muito apontados lá na rua em que moramos por conta desse problema que On. tem. Uma vez nós nem estávamos lá na rua e estragaram uma lixeira, e o vizinho disse que foi ele, aí ele fica muito bravo, pois ele não aceita que dizem que ele fez algo que não foi ele; por conta da condição dele acabam colocando muitas vezes a culpa nele.*

Eu: *Ele sempre apresentou questões de aprendizagem?*

Zen.: *Quando ele era menor nunca parou quieto para a aula, mas na outra escola nunca tivemos tantas questões de falta de respeito como nessa, tivemos que mudar muito de médicos porque no convênio nunca parava uma psicóloga ou um médico, até que meu patrão que é médico decidiu me ajudar e contratou a Isabel, também mudamos de médico no começo do ano que pediu para a gente tirar toda a medicação, ele estava tomando 6 medicamentos, e isso não estava fazendo bem para ele, estava deixando ele completamente alterado e não estava colaborando em nada.*

Eu: *Quando vocês mudaram de médico e mudaram a medicação foi na mesma época que mudaram ele de escola?*

Zen.: *Eu não sei exatamente, mas sim, foi tudo no começo deste ano, primeiro ele mudou de escola, depois mudamos de médico, então o médico pediu para tirar todos os medicamentos para fazer uma mudança, agora ela toma só dois medicamentos, um para a concentração e outro para dormir, além do futebol que o médico orientou fazer. Só que agora preciso organizar tudo isso, minha vida está de pernas para o ar.*

Eu: *Quero entender melhor essa parte da escola, desse ano e todas essas mudanças.*

On. relata muitos episódios dessa escola e como é complexa a relação com essa, a EMEF que é mais próxima à casa dela que foi feita a transferência esse ano, e mesmo com a apresentação de todo o diagnóstico para a escola, inicialmente apresentou-se um impasse na constituição de vínculo e acordos entre família e escola, sendo que a escola assinou o conselho tutelar por conta da conduta do On. e da conduta familiar.

Zen.: *No começo do ano foi muito difícil, a adaptação dele na escola, eles não aceitavam que ele tinha uma condição diferente, os colegas o xingavam e provocavam, ele reagia de forma agressiva e a escola me chamava para ir buscar ele, como estava fazendo a adaptação da medicação, a escola me solicitava para buscá-lo, sempre que ele saía de controle. Isso virou uma frequência, eu não podia fazer nada, precisava ficar à disposição da escola. Teve um dia que cheguei, e ele estava na quadra, muito bravo, e os amigos estavam chamando-o de problemático, pois ele tinha um professor para acompanhar ele nas atividades, ele perdeu o controle, ele é muito forte e começou a bater em todo mundo, 'precisaram' trancar ele na quadra, pois ele estava incontrolável. Assim era, agora com esta medicação está ótimo.*

Eu: *Quero entender melhor esse processo do conselho tutelar.*

Zen.: *Eles sugeriram que eu o trocasse de escola, mas eu não aceitei, questionei, entendo que eles precisam dar conta, não ficar me chamando para ir buscar ele, quando tem um problema, nem ficar dando para ele a nota mínima para passar de ano, não concordo, gostaria que a escola fosse um apoio. Ele estava muito difícil mesmo, em casa com menos intensidade que na escola, ele xingava os professores, batia nas outras crianças, aí diziam que, se em casa ele era assim e a gente não dava controle, na escola não era assim, mas não era a gente, ele tem uma condição difícil, diferente. Então, a escola assinou o Conselho Tutelar, disseram que era para proteger o On. e encaminhar para o Caps a situação dele, pois os outros pais já estavam também reclamando das atitudes dele. Um dia o levei para o futebol e fui lá no Conselho Tutelar, a responsável estava lá, e até comentou que tinha ido a minha casa no dia anterior, não estávamos, porque eu tenho tanta coisa que faço com ele, nesse dia acho que fomos em algum médico, algo assim, aí expliquei para ela tudo isso, ela me orientou a não tirar On. da escola, pois isso ia ser abandono, disse que não era para ficar indo lá na escola mesmo, que ele precisaria de uma ajuda para incluir na escola, que ela iria na escola conversar e que a instituição precisaria seguir as orientações previstas.*

Eu: *Você estudou até que idade Zen.?*

Zen.: *Parei no 6º ano* (mesmo segmento em que On. está). *Não quero que aconteça com ele o que aconteceu com a gente. Eu já pensei em voltar a estudar.*

Eu: *Por que você não volta?*

Zen.: *Quem sabe agora que parece que tudo estabilizou melhor. Quero voltar para a terapia, trabalhar e quem sabe estudar. Eu parei tudo para cuidar do On.*

Eu batia quando On. me tirava do sério. A psicóloga disse — mãe, sem bater. Eu sei, eu não quero bater, mas não sabia o que fazer. Uma vez o coloquei de 'castigo' porque um médico disse que eu precisava dar um limite, para controlar a agitação, coloquei ele dentro do quarto sozinho um pouco, estávamos na igreja com os filhos da família dos meus patrões, ele tinha uns 5-6 anos, ele estava muito agitado aquele dia, e não sabia mais o que fazer, coloquei ele no quarto para se acalmar, quando abri a porta ele tinha rasgado toda a calça dele. Eu cuido de criança, nunca passei por isso, sempre fui babá, eu não sabia o que fazer.

Eu: *Ele conseguia falar o que estava sentindo?*

Zen.: *Ele sempre conta tudo e, às vezes, também fala umas mentiras, umas histórias que não existem, mas ele me conta tudo. Uma vez, quando ele era pequenininho, ia para uma escolinha, ali em Pinheiros, ele ia e voltava de transporte, ele contou que o tio passou a mão no bumbum dele, falou que passou outra vez, eu já fiquei 'cabrera', aí minha patroa me ajudou, pediu para tirar ele do banco da frente, mas não adiantou, depois descobriram que o motorista estava fazendo isso com várias crianças, por isso foi afastado.*

Eu: *Você é muita atenta.*

Zen.: *Eu me preocupo muito com ele.*

Zen.: *Ele também é muito vingativo, uma professora a quem ele pediu ajuda num conflito (nós o orientamos a pedir ajuda, quando alguém deixasse ele irritado) disse para o outro menino: 'Você vai se sujar brigando com ele?', ele reagiu de forma agressiva. Ele leva as orientações muito a sério. Falamos para ele que ignore quando for incomodado. Agora ele não conversa mais com essa professora, ele se recusa, pois ela disse isso.*

A professora de matemática me disse — 'seu filho é muito inteligente, ele usa para o mal, tenho dó de você'.

As pessoas não entendem o que ele tem. Lá na vizinhança, na família também é difícil, as pessoas falam, dizem que os laudos são falsos, ele reage, ele chegou a chutar a tia que apontou o dedo na minha cara, mesmo com a orientação de ignorar.

Eu: *O Isas., como é para ele?*

Zen.: *No começo não aceitava também, ignorava, mas hoje em dia, quando estou exausta e perco a cabeça, ele fala: 'Lembra que ele tem a condição dele'. Ele me diz que me cobro demais, mas é que não é fácil.*

Eu: *Como está a rotina dele agora? Como será daqui para frente?*

Zen.: *Ele está indo para escola período semi-integral, sai para ir para o futebol que é público, está conseguindo ficar mais tempo na escola, está bem melhor, depois vai para o futebol três vezes na semana e faz o curso de inglês. O ano que vem quero que ele fique na escola período integral, pretendo mudar o horário dele do futebol para não precisar sair da escola antes, porque ele sai da escola para fazer esse futebol, assim eu consigo começar a retomar a minha vida também e seguir com as terapias dele.*

Eu: *Estamos caminhando para o final deste encontro e para a avalição do On., ainda vamos ter mais 4 encontros e apresentaremos uma avaliação. Assim, poderá pensar nos próximos passos em relação à Psicopedagoga com quem On. seguirá.*

Zen.: *Você não continuará com a gente? Gosto tanto de você. On. também, sempre fica tão bem. Já sou muito grata de você estar fazendo tanto por nós, cuidar tanto da gente. Tão carinhosa, verdadeira e nos ensina sempre. Você deixa seu filho para cuidar do meu, isso é tão maravilhoso.*

Eu: *Zen., eu que agradeço a vocês. Essa troca é essencial, vamos esperar um pouco para saber como se dará esse processo, os encaminhamentos serão apresentados na devolutiva e poderemos encontrar um caminho, o melhor para On., sem dúvida nenhuma, estamos todos muito envolvidos para isso.*

Recebo um abraço carinhoso e valioso.

Considerações

O afeto norteou minha escuta, atenta, presente e empática nessa história vital.

Empatizo com Zen., ao terminar este texto. Inicialmente encontro uma proteção materna. Durante o processo, reconheço a ausência paterna, para toda a experiência; reconheço aspectos sociais, intrapessoais e interpessoais. Na sua condição, percebo On. um ser humano forte e com pulso de sobreviver a todo esse sistema violento.

A inversão da análise, escolher deixá-la anterior ao relato propõe um sentido: ao escrever o texto, já imaginava que meu afeto seria imenso, o "distanciamento" da situação para a análise feita inicialmente fez-se necessário.

10

PAPEL DE CARTA

On. chegou com um caderno de pautas desenhando. Zen. pediu para ele guardar, ele respondeu não — com tom de voz firme. Sustentei a ideia de ele ficar com o caderno e entrar na sala.

Eu: *Quando você terminar o desenho começamos nosso encontro, hoje vamos fazer uma proposta.*

Olhou e não respondeu. Esperei um tempo, ele ficou lá desenhando.

Eu: *Posso ver o que você está desenhando?*

On.: *Não tudo.*

Eu: *O que eu posso ver?*

On.: *Só o que eu quiser.*

Eu: *O que você quer me mostrar desse caderno?*

On.: *Tem umas coisas proibidas.*

Eu: *Tem?*

On.: *Sim, uns códigos, segredos.*

Eu: *Ninguém pode ver?*

On.: *Só meus parças.*

Eu: *Para que servem esses segredos?*

On.: *Coisa de gente grande. Já posso te mostrar umas coisas, quer ver?*

Eu: *Claro. Você pode confiar em mim.*

On. me mostrou uns desenhos de letras de grafite, desenhos de morte, pânico, números, armas, *surikens*, dedos do meio, palavrões e, também, desenhos animados.

Eu: *Lá na caixa psicopedagógica tem um caderno de desenho, você lembra? Que levar para você? Depois você me traz para me mostrar os desenhos nos próximos encontros?*

On.: *Posso? É meu? QUERO!*

Eu: *Vamos lá para a nossa proposta de hoje!*

Figura 1 – Comunicação

Fonte: Chamat, 1997

Título: *O Pombo correio e a Borboleta correio*

"Era uma vez um coelhinho. Ele queria muito conversar com a coelhinha. Ele queria muito mesmo. Pediu ajuda para o pombo correio, o pombo correio levou a mensagem para a coelhinha com o número do telefone do coelhinho.

Então um dia o coelhinho está passeando, um belo dia, pelo bosque e era a coelhinha que ele tanto queria falar.

Eles queriam conversar!

Conversaram, conversaram, conversaram, namoraram, conversaram, conversaram, conversaram, conversaram, depois viveram juntos, casaram e tiveram muitos coelhinhos, e os coelhinhos namoraram e muitos mais coelhinhos namoraram e nasceram mais coelhinhos.

O coelho também ajudou a borboleta a pedir o borboleto em casamento.

— Borboleto, você aceita namorar a borboleta?

— Sim! Ela é muito bonita!"

On.: *Igual a Laurrani minha namorada! Quer ver a foto dela?*

Eu: *Quero!*

On.: *Desenhei ela também.*

Mostrou o retrato que ele desenhou. Lindamente.

Figura 2 – Vincular

Fonte: Chamat, 1997

On.: *Era uma vez um elefantinho que teve muitos filhotinhos e gostavam de tomar banho, todos os dias eles vão nadar, foram nadar e tomaram choque. Um mamou a elefantona, conseguiu reanimar, nunca mais tomaram banho à noite.*

— *Para o banho direto!*

Passarinhos sempre escutem suas mães, tomem banho de dia. (Parecia um celular falando).

— *Posso tomar banho de cachoeira? — os Passarinhos perguntaram.*

— *Não — respondeu a Mãe.*

Foram, depois souberam que demorou e matou mais de 20 animais.

Todos ficaram mal, mas os elefantinhos perceberam que precisavam escutar mais a sua mãe e não desobedecer ao pai elefanto.

Figura 3 – Receber afeto

Fonte: Chamat, 1997

On. não "desconectou" com a proposta. Passou a descrever as pranchas.

"À noite, casa cogumelo, os ursinhos preparados para dormir na rede com sua mamãe, os passarinhos cantando e os ursinhos balançando em uma noite estrelada na floresta."

Figura 4 – Interação Familiar

Fonte: Chamat, 1997

"A família patinho brincando perto do castelo, um patinho estava triste porque ele queria alguma coisa, a borboleta viu tudo o que aconteceu. Eles estão se sentindo normal."

Figura 5 – Relação com a aprendizagem

Fonte: Chamat, 1997

"Muitos animais aprendendo, o burro não consegue aprender, ele é um imbecil mesmo, a tartaruga dorme e o macaco tenta ser amigo e ensinar eles, as letras."

Figura 6 – Prognóstico

Fonte: Chamat, 1997

"*Um avião passou na brincadeira de equilíbrio. A flor é um guarda-chuva, todos estão esperando o urso cair.*"

Eu: *Como eles estão se sentindo?*

On.: *Normal, esperando o urso.*

Sempre que fazia uma pergunta de como estavam se sentindo, o que estavam falando, que música estavam cantando. As respostas eram diretas e sem envolvimento da parte de On.

Eu: *Agora escolha o papel de carta que você mais gostou, conte-me por que você escolheu e depois escreva uma história.*

On.: *Eu não sei escrever!*

Eu: *Faça do seu jeito.*

On.: *Posso ir falando e já escrever?*

Eu: *Você prefere assim?*

On.: *Claro.*

Eu: *Claro* (utilizo um tom de voz convidativo para ele escolher seu desejo).

On.: *Eu escolho a do Macaco.*

Figura 7 – Escrita da história

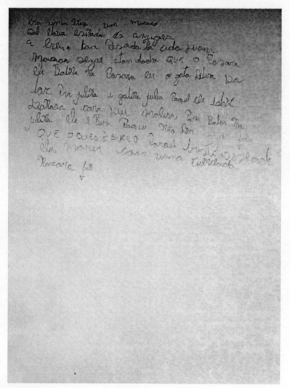

Fonte: autora, 2022

A escrita é desafiadora para On., eu já havia observado que ele não se coloca nessa situação e, em seus relatos, comunica com clareza *"não gosto de ler e escrever"*, ou também *"não sei ler e escrever"*, *"não gosto de escrever"* e *"não quero escrever"*.

Ofertei uma folha de sulfite para essa proposta, para também observar a organização e a estrutura de linguagem escrita que ele criaria. Foi evidente a desmotivação para a proposta de escrita. On. começa a escrever: *"Era uma vez um macaco..."* (pausa longa).

On.: *Eu não sei escrever.*

Eu: *Você já escreveu, escreva do seu jeito.*

"...que estava ensinando os amigos. E Bilu tava pensando na vida dura."

Eu: *INHÔ!* (Fiz um granido que imitava o som o do burro. On. sorriu e organizou seu corpo na mesa).

"Macaco Sezar atormentado, que o pássaro... (pausa)

Ele batia no pássaro e no gato Setubal..."

Ele parava, abaixava a cabeça, ficou extremamente incomodado.

Eu: *Minhau, minhau.* — fiz um som de gato dengoso.

On. levantou sua cabeça e sorriu, achou engraçadinho, voltou para a escrita.

"Ele o gato batia no pássaro e o gato leitura da tar (estava escrevendo tartaruga parou e nomeou) para Julino e gatinha Julia. Porque ele falava danada dá na cara do mal isso. Para bater na Julina ele e burro Parqu.

Não ler Sezar fala que o burro é burro.

Parqul triste, desenhando ele morreu com uma chinelada na cara."

Eu: *Você pode ler para mim.*

On.: *Sim.*

Leu com entonação, acompanhado de seu dedo, pediu apoio, quando não conseguia compreender a própria escrita.

Eu: *Estamos chegando ao fim da sessão. Quer pegar o caderno?*

On.: *Sim, vou pegar, levar para a casa, fazer desenhos, umas letras bem bonitas para você ver. Posso desenhar em tudo?*

Abriu a caixa psicopedagógica, mexeu eufórico nos materiais, encontrou o caderno.

On.: *Oba! Sem linhas, abraçou o caderno, foi em direção à porta.*

Eu: *Você pode trazer na próxima semana para eu ver os desenhos?*

Abriu a porta e saiu da sala contente, afirmando com a cabeça.

Para On. a história estava estruturada, comunicá-la por estrutura de palavras foi mais intenso que a leitura — retomarei esses pontos nas considerações.

Considerações

On. mais uma vez comunica seu incômodo com a violência a que ele sobrevive e quanto isso o afeta em suas modalidades de aprendizagem. Antes de adentrar a tal constatação, quero analisar como ele chega a isso de maneira sistemática com a aplicação do teste Papel de Carta.

On. comporta uma narrativa amorosa na história da primeira lâmina destinada à Comunicação, a história segue as orientações de título, estrutura de uma história de amor, com personagens e enredo.

On. não estava muito disponível para essa proposta, algumas vezes precisou do inquérito para construir a continuidade da narrativa. Em meio a ela, On. já estava conectado aos assuntos de sua vida, tanto que mostrou fotos de sua "namorada", e o retrato dela que ele fez no caderno.

Passamos para segunda lâmina que está atrelada a questões Vinculares-vinculação afetiva. Aqui On. começou a dispersar e alterar ainda mais sua relação com a proposta, a dificuldade de dar continuidade à proposta apareceu nesse momento, mesmo com o encaminhamento do inquérito. Ainda assim, conservou a narrativa de uma história, porém com pouca estrutura e envolvimento. Tendo em vista a descrição que é uma lâmina que:

"Trata-se de crianças sem vinculação afetiva, com dificuldades em perceber suas próprias emoções, bloqueando a afetividade e o desenvolvimento do pensamento, pois com tão baixa estima, temem não aguantar o desiquilíbrio para o pensar". Agora em processo de análise e reflexão compreendo a mudança de atitude de On. no decorrer as próximas lâminas (CHAMAT, 1997, p. 24).

Assim, seguimos para a próxima lâmina Receber Afeto. Muito interessante perceber que ele não vê ratos e sim urso e que nessa interpretação do teste o sujeito que não percebe os personagens como ratos é o mais comprometido. Isso é curioso, pois ele estava de alguma forma ali corporalmente demonstrando sinais de incômodo, comprometido com seu processo.

Na lâmina de Interação Familiar, On. reconhece o choro do patinho e que o estado de todo o contexto é normal. Na análise do teste esses sujeitos "deparam-se com a questão da diferença e o sentimento de estarem impossibilitados para a vida" (CHAMAT, 1997, p. 24).

Na lâmina de Relação com Aprendizagem, apresenta uma narrativa direta, sintética a complexa. Uma síntese de todo sentido.

Por último, e não menos importante, a lâmina Prognóstico, porém com pouco envolvimento da parte de On. que já estava tomado por sua dispersão. Arrisco-me sugerir que os dois assuntos entram em relação: a aprendizagem e o Prognóstico ficaram fundidos. Isso porque o nome do burro na história *Paqur* refere-se a um esporte de equilíbrio que ele me contou gostar muito de praticar no parque e já me falou que gosta de se equilibrar.

Seguido de tais análises, a escolha da prancha Relação com Aprendizagem mostra-se um fenômeno de toda esta pesquisa. Isto é, essa prancha demonstra a vinculação de On. com a aprendizagem, porém sempre há uma declaração de violência relacionada a esse tema, em outros atendimentos isso também ficou evidente.

Junto disso, sua narrativa demonstra insegurança e fratura. Ao escrever a história, foram necessárias diversas intervenções e observam-se fraturas, tanto no corpo do texto, na estrutura, como nas palavras redigidas, sem acentos, com falta de letras, sem plural.

Na linguagem escrita são necessários intervenções e recursos para a linguagem escrita ser estruturada e compreendida por On.

11
PINGO NO "I" – LINGUAGEM ORAL E ESCRITA

Figura 1 – Jogo Pingo no I

Fonte: autora, 2022

    Pingo no I é um jogo interessante e motivador de letras, escolhemos em supervisão a proposta de virar as cartas aleatórias na mesa e criar palavras compostas com as letras expostas. On. escreveria no papel as palavras que surgissem, sugeri que ele escolhesse o papel que fizesse mais sentido, na mesa tinha folha sulfite, quadriculado, *color-set* e almaço. Também tinha lápis grafite, lapiseira e borracha.

Ele achou interessante a proposta e sugeriu que eu escrevesse as minhas palavras também. Combinadas as regras, começamos o jogo. E foram geradas as palavras:

> On.: *rua, rata, mesa, pilula, lados, banana, faca, racista, tira, fera, ruga*

> Eu: *quase, sopro, Bozo, leve, mudo, peixe, múmia.*

Figura 2 – Sondagem de palavras

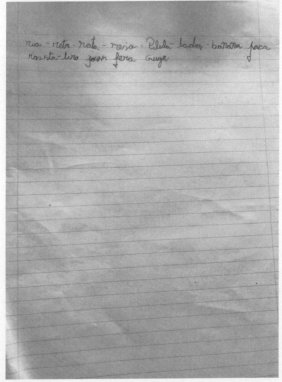

Fonte: a autora, 2022

Jogamos até virarmos todas as cartas do baralho. Após jogar, disse que eu iria dizer algumas palavras para On. escrever.

On.: *Um ditado.*

Eu.: *Isso.*

Em supervisão, tínhamos decidido que iríamos pedir para On. escrever palavras que fossem relacionadas a características dele e/ou ao universo que ele apresentou durante o processo; além de algumas palavras do livro "emocionário, diga que você sente" para o contexto. Começamos:

Eu: *Especial.*

On.: *Não sou eu.*

Eu: *Carinhoso, Inteligente.*

On.: *Não sou eu mesmo.*

Eu: *Você se reconhece nessas palavras?* (On. apenas me olha.)

Eu: *Escreva do seu melhor jeito.* (Sigo com as palavras.)

Eu: *Persistente, mágico, pipa, alerta, falador, engraçado, desbravador, amigável, entusiasmado, euforia, satisfação, frustação, expressivo, compaixão.*

On. segue a proposta com tranquilidade, após perceber que não terá correção, nem julgamento em sua escrita. Quando acabamos, digo: *Reconheço você nessas palavras.*

Figura 3 – Sondagem de palavras

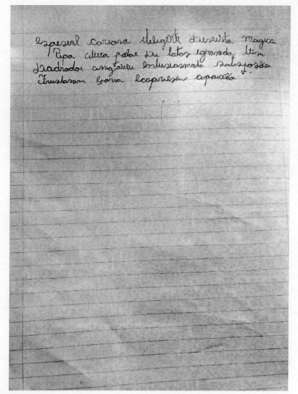

Fonte: a autora, 2022

Considerações

Todo o encaminhamento da proposta foi constituído por uma ação terapêutica, que possibilitou diálogo potente, com a intenção de validar e reconhecer as características positivas de On.

Na escrita, encontram-se fraturas, inseguranças; e uma narrativa "não sei ler, não sei escrever". Mesmo com tais constatações, aos poucos, fomos constituindo possibilidades e estratégias para a proposta caminhar. É necessária uma atuação lúdica e possibilidade de recursos para On. ficar confortável.

12

FAMÍLIA GORGONZOLA – MATEMÁTICA

No contexto estava disponível o livro *Os problemas da família Gorgonzola*, da autora Eva Furnari, lápis, lapiseira, diversidade de papéis (almaço, sulfite, *color-set*, quadriculado) e borracha.

Figura 2 – Sondagem matemática

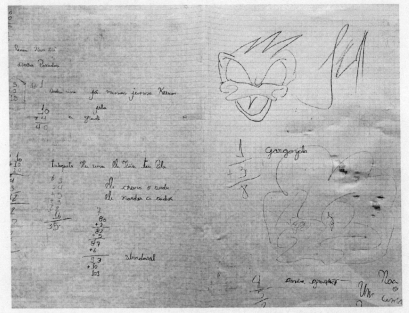

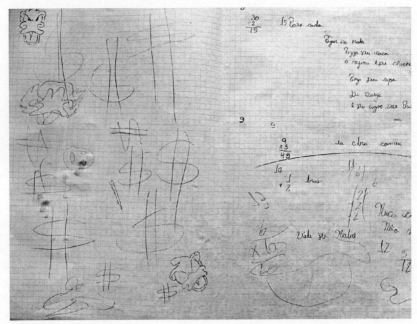

Fonte: a autora, 2022

Considerações

On. na linguagem/modalidade de aprendizagem matemática apresentou compreensão e demonstrou interesse. A proposta acessou sua criatividade: escolheu o papel quadriculado para fazer o registro, ficou claro como o material escolhido por ele tem relação com a modalidade de aprendizagem.

Ficou evidente que prefere e tem facilidade em fazer cálculo mental, tanto que conseguiu resolver todas as situações-problema, e, quando solicitado que registrasse seu pensamento, utilizou estrutura formal, entretanto na maioria das situações seus cálculos eram mentais e rápidos. Também utilizou as mãos para conservar as quantidades de algumas operações possibilitando mais segurança para algumas contas.

On. não sustentou organização até o final do livro, que tem a proposta de 14 problemas matemáticos com diferentes situações.

Desse modo, sua atenção foi se dispersando em alguns momentos, mas ele estava muito interessado em chegar ao final da atividade, que tem desafio: "Quem resolver todos os problemas pode descobrir que tipo de cérebro tem na cabeça. Veja na Classificação". On. acertou de 10 a 14; ele tem: Cérebro Gororoba Esperta e o Troféu Ameba Frita. Os desafios sempre estimulam On.

A proposta deixou-o interessado, propus que ele fizesse a leitura dos problemas, ele negou. Seguimos e fizemos uma leitura compartilhada.

13

PROVAS OPERATÓRIAS

Direto às considerações

Realmente, custa-me aceitar e compreender que precisamos aplicar as provas operatórias, se ao jogar/brincar é possível constatar tudo e mais um pouco dessas questões. Talvez me intrigue entender que qualquer tipo de prova que não possibilita diálogo, ou brecha — vou além — arrisco constatar que existe um entendimento da minha parte que se faz necessário corporificar. Podendo partir do princípio de que On. é um ser humano em construção, as provas operatórias aplicadas em dias diferentes, em horas mudadas, em ambientes distintos, podem sugerir outros resultados.

A verdade do processo se faz necessária, essas tais das minhas "resistências", talvez "implicâncias", trouxeram reflexões. Em anos de contato com a teoria piagetiana, já não consigo mais significado no teste para avaliar/projetar algo, talvez para comprovar, se necessário, porém não encontro finalidade pessoal nas provas em si. Para isso, tratei em supervisão tais pontos, além de já em terapia ter feito um enterro de Piaget, para assim me reconhecer holística e não construtivista, basear em teorias contemporâneas e menos avaliativas. Feito o desabafo e introdução a esse contexto, na amável companhia de Piaget, que tanto aprecio e admiro (no seu sentido ético e moral da constituição do conhecimento em sua estrutura socioconstrutivista, biológica e lógico-matemático).

A Psicopedagogia me aproximou novamente das provas operatórias. Assim, constato que On. está exatamente onde deveria estar, conforme quadro dos estágios do desenvolvimento cognitivo e moral de Piaget apresentado por Kohlberg (*apud* VINHA, 2000).

Figura 1 – Quadro de estágios cognitivos e moral Telma Vinha

O PARALELISMO ENTRE OS ESTÁGIOS DE DESENVOLVIMENTO COGNITIVO DE JEAN PIAGET E OS ESTÁGIOS DE DESENVOLVIMENTO MORAL DE KOHLBERG

ESTÁGIOS COGNITIVOS	ESTÁGIOS MORAIS
Pré-Operacional A função simbólica aparece, mas o pensamento é marcado pela centração e irreversibilidade.	*Estágio 1 (heteronomia)* O certo e o errado são determinados pela autoridade e pela conseqüência física das ações.
Operações Concretas Surge a classificação, a conservação e a seriação e o objetivo é diferenciado do subjetivo.	*Estágio 2 (trocas)* A interação cooperativa é baseada em simples trocas, e o certo e errado é definido como o que serve aos próprios interesses e desejos.
Início das Operações Formais Há o desenvolvimento da coordenação de reciprocidade com inversão e aparece a lógica proposicional.	*Estágio 3 (expectativas)* A ênfase é dada para o estereótipo do bom sujeito e age buscando a aprovação dos outros.
Operações Formais Básicas Surge o raciocínio hipotético-dedutivo, envolvendo habilidades para estabelecer relações entre variáveis e organizar análises experimentais.	*Estágio 4 (sistema social)* Busca a manutenção da ordem social por meio da obediência às leis e busca cumprir suas obrigações.
Operações Formais Consolidadas As operações tornam-se completamente exaustivas e sistemáticas.	*Estágio 5 (contrato social)* O certo é definido pelos acordos mútuos estabelecidos por toda a sociedade.

Obs.: Neste quadro Kohlberg não apresenta o estágio 6. Ele não se contenta com este paralelismo quanto à consciência pós-convencional orientada pelo princípio de justiça. Há diferença de grau e de qualidade, porque o raciocínio moral é mais rico, envolve além de objetos e coordenações, seus pontos de vista, as relações entre si e a consideração dos efeitos de uma ação sobre todos os participantes da situação (Freitag, 1992).

Fonte: Vinha, 2000

On. encontra-se no espaço entre as operações concretas e as operações-formais. Ficou evidente, quando se trata de massa (peso) e volume, On. oscila suas respostas, relacionadas à massa ficou no nível I (Não conserva) e em relação ao volume oscila nível I e II. Na Prova de espaço unidimensional ficou no nível II (intermediário). Nas demais provas, ele fica no nível III (conserva).

Como citado, a permutação de ficha e predição não foram feitas com a mesma disposição que as outras propostas, On. negou-se a fazer, pois ficou incomodado com uma conversa que tivemos no início da sessão, além disso, estávamos em um ambiente diferente, que o deixou excitado na proposta que viria posteriormente, não tinha motivação alguma da parte dele em desenvolver a proposta.

Figura 2 – Provas operatórias Piaget

PROTOCOLO DE RESULTADOS DAS PROVAS OPERATÓRIAS			
TIPO DE PROVA	NÍVEL 1 Não conserva	NÍVEL 2 Intermediário	NÍVEL 3 Conserva
SERIAÇÃO			X
PEQUENOS CONJUNTOS DISCRETOS DE ELEMENTOS			X
CONSERVAÇÃO DE MASSA	X		
CONSERVAÇÃO DE COMPRIMENTO			X
CONSERVAÇÃO DE SUPERFÍCIE		X	
CONSERVAÇÃO DE LÍQUIDO			X
CONSERVAÇÃO DE PESO			
MUDANÇA DE CRITÉRIO			X
QUANTIFICAÇÃO E INCLUSÃO DE CLASSES			X

TIPO DE PROVA	NÍVEL 1 Não conserva	NÍVEL 2 Intermediário	NÍVEL 3 Conserva
INTERSECÇÃO DE CLASSES			X
ESPAÇO UNIDIMENSIONAL		X	
CONSERVAÇÃO DE VOLUME		X	
COMBINAÇÃO DE FICHAS			X
PERMUTAÇÃO DE FICHAS			
PREDIÇÃO			

As intervenções são realizadas com foco nos níveis 1 e 2 dos resultados das respectivas provas.

Organizado por Valéria Tiusso

www.casadopsicopedagogosp.com.br

Fonte: Valéria Tiussoo; www.casadopsicopedagogosp.com.br

Mais considerações

On. demonstrou interesse e facilidade em desenvolver as provas no primeiro dia do encaminhamento, seria interessante adentrar, ou até mesmo repetir em outra situação, para assim tentar compreender a oscilação da conservação de massa e volume.

Entendo que estar no final do ano e nas condições que a prova foi aplicada possibilitou tais alterações, devido a alteração do ambiente de trabalho, os acontecimentos da segunda parte do teste não tiveram a mesma condição que a primeira, as últimas provas não obtiveram o mesmo envolvimento de On.

Eu considero flexíveis e dialógicas as críticas ao encaminhamento das provas operatórias, a supervisora insistiu para eu analisar com olhar diferente, para que pudéssemos compreender algo, além das tais constatações da prova em si, um olhar para On. Por isso, volto ao ponto de que é transitória a aprendizagem e as constatações da prova operatória e as questões aqui escritas. Para além, percebo que On. precisa corporificar a aprendizagem em um ambiente estável e sem grandes alterações, isso sem dúvida o desorganiza.

14

JOGO DA AREIA

Incrível a possibilidade de experenciar a finalização, nesse contexto da matéria Diagnóstico Psicopedagógico, no universo espetacular e especial que é a Casinha Atelier, um espaço potencial, terapêutico e investigador, junto ao meu cliente On.

Esse ambiente possibilita movimento intersubjetivo, como considera Fernandes (2011, p. 221), ao conceber a Psicopedagogia como área do saber, que envolve a articulação do campo da construção do conhecimento, como experiência cultural e afetivo. Percebo e vivencio inteiramente, o espaço cultural que é, simultaneamente, criação subjetiva e espaço de realidade compartilhada.

> São as diferentes possibilidades do self, numa perspectiva do vir a ser, de se colocar num projeto futuro e de contínuas construções de sentidos a partir das experiências de viver.

Ao presenciar, poucas vezes, o procedimento do Jogo de Areia, encontro-me com a teoria de Anete Fernandes (2011, p. 218), em que a expressão da experiência vivida e a comunicação revelam aspectos da subjetividade.

Assim sigo, não apenas em teoria, mas também em experiência viva nessa possibilidade estética, narrativas e mergulhos em conexão com o outro. Entenda-se o contexto: o espaço potencial de Winnicott (2014), que se faz em sentido coletivo, quando eu ainda em meu estado inseguro, porém com todo o propósito do *ethos* psicopedagógico que essa presente matéria proporcionou, junto à estrutura de supervisão, as possibilidades que o fenômeno da vida apresentou e o que eu encontro por ora. São investigações profundas e espetaculares de vidas que pulsam constantemente em um espaço entre o que já experimentei e o que está por vir.

Para Fernandes (2011), o sentido atribuído na experiência com o Jogo da Areia é provisório. Acrescenta-se que toda atribuição de sentido é constantemente provisória, pois tais sentidos estarão sempre abertos a nosso âmbito de compreensão, pode ser modificado, a partir de olhares a serem realizados, sobre o material colhido, a partir das experiências vividas no contato com as cenas. É um convite para que os sentidos possam deslizar por meio das diferentes observações que se puder experimentar.

On. teve uma experiência imersiva e silenciosa com o Jogo da Areia, ficou imerso em sua investigação com os materiais disponíveis, deslizava suas mãos na areia, inicialmente pegou poucos objetos e escondeu na areia.

O principal era um fantasma, que ele pegou antes mesmo de iniciarmos a proposta. É um personagem que ele costuma desenhar bastante em suas criações livres, já me mostrou em seu caderno.

Eu: *O que esse personagem significa para você?*

On.: *É o outro momento, nos outros consultórios.*

Estávamos imersos naquele contexto de novas possibilidades, finalizando uma etapa do processo do Diagnóstico Psicopedagógico.

As imagens apresentadas possibilitam a análise do que aconteceu nessa imersão silenciosa. Chegava ao fim da sessão, e On. estava separando atentamente personagens/imagens.

Eu: *On., estamos próximos ao fim. Você vai montar uma cena na caixa da areia com esses materiais que você separou?*

On.: *Sim, é claro.*

Despeja tudo na areia, faz um movimento com as mãos para fazer um desenho. Logo, constituiu um campo de futebol; com jogadores (personagens Simpsons e Disney); banco de reserva, zagueiro e uma bola. Surge um intenso jogo de futebol, com muitos "dibres", com gols e plateia que vibra. O jogador principal que é o tio Patinhas se recompõe, de repente alguns animais que estavam submersos (lula, Shark boy, baleia e um golfinho brincalhão) saem da areia e vibram. Tio Patinhas organiza uma festa.

On. adora jogar futebol! Ele ama essa modalidade de aprendizagem. Essa vida de expressão curativa. É o esporte que Zen. considera o tratamento dele, ela já me mostrou vídeos, estão sempre no relato de toda a família. Ao chegar na Casinha Ateliê, o primeiro objeto que ele transiciona é uma bola que o acompanha em todo seu processo.

Na despedida acontece uma conversa importante e reveladora, On. sente-se sustentado pela minha presença para dialogar com Zen.

Estamos caminhando para o portão/portal do último encontro desse semestre.

Zen.: *Nossa, no nosso próximo encontro estarei mais organizada.*

Eu: *Hoje foi um dia todo diferente.*

Zen.: *Sim, até o Isas. falou para eu colocar On. no metrô que é uma reta só até a estação que ele o esperava lá, mas hoje está tudo estranho, não tive coragem.*

On.: *Já sou grande.*

Eu: *Sim, já está crescido. Já andou de metrô sozinho?*

On.: *Não, não vejo a hora de fazer 18 anos!*

Eu: *Precisa ter 18 anos para andar de metrô?*

On.: *Não, para namorar de verdade, com mais profundidade.*

Zen.: *Ai, ai, estamos perdidos.*

Eu: *Você namora?*

On.: *Sim eu namoro.*

Zen.: *Como assim namora?*

On.: *Sim, eu namoro.*

Zen.: *E você não me contou?*

On.: *Não preciso te contar tudo da minha vida.*

Eu: *Por que você não contaria para a sua mãe que você namora?*

Enquanto faço a pergunta, Zen. sobrepõe minha fala: *Estamos perdidos com 12 anos o menino pensando em namorar, a escola fica falando de namoro.*

Eu: *Importante falar desse assunto Zen.*

On.: *Tá vendo, por isso que não falo, se não o chinelo come solto. Você fica brava.*

Zen.: (desconfortável) *eu não bato em você.*

On.: *Não é?*

Eu: *Conversar é o melhor caminho.*

Zen.: *Eu bati quando não sabia como fazer, já parei, agora estou me controlando mais.*

On. ficou em silêncio.

Zen.: *Você pode me contar quem você namora?*

On.: *Agora não, só quando for sério, com 18 anos.*

Eu: *Ainda teremos as devolutivas, em que conversaremos sobre esse assunto também* (nos despedimos e os dois seguiram para o seu destino).

Considerações

O final dessa sessão foi revelador e mostrou um caminho de temas que devem ser abordados na devolutiva com a família de On.: sexualidade e violência.

Quando imersa na experiência, presente tanto na observação, quanto na ação, pude constatar e conectar com o que acesso nos escritos de Gimenez (2009, p. 143), trabalhar com *sandplay* me encoraja a abandonar a segurança da teoria, por meio da qual tudo pode ser explicado, para suportar melhor o incognoscível, o mistério da vida. Para Gimenez (2009 p. 52) foi um aprendizado perceber que, se não há uma real experiência de vida atrelada a uma teoria, são apenas palavras ocas, sem alma. Ainda completa:

> [...] é claro que como analista, temos muito de estudar, mas defendo que os estudos da psicologia [...] pode ser empobrecedor da alma, pois lidamos com uma teoria que tenta explicar o que não é explicável. E, se esta não estiver conectada à própria vida, não tem sentido.

Para mim, a cena e as reações do cenário tinham sido confusas, no entanto, ao parar para analisar o acontecido encontro o sentido preciso, exuberante, e ao mesmo tempo forte e intenso. "A expressão 'espaço livre e protegido', criada por Dora Kalff, frase que Fátima Gambini sempre repetia para Gimenez, é a definição de *sandplay* que guia suas experiências, me atento a essa frase de Gambini (*apud* Gimenez, 2009, p. 25) "sem usar somente meu pensamento, mas também meu sentimento, minha intuição e sensação. É um momento de vir à luz, é delicado. Exige respeito. Exige cuidado. Exige que o analista esteja inteiro".

"*Presença, precisa de presença para o jogo da areia acontecer é como se fosse um sonho*", lembro-me da supervisora me explicando, quando me incentivou a encaminhar o jogo da areia com On.

Sem dúvida, em todo o processo dessa experiência, era como se fosse um acontecimento de um sonho, tudo que tenho vivido no curso de Psicopedagogia tem um sentido da alma.

Cheguei horas antes do atendimento, para organizar as miniaturas nas prateleiras; e, assim, experienciar com presença a experiência viva desse processo. Nesse sentido, entendo que o jogo de areia é uma experiência compartilhada, no que diz respeito a pôr em prática o que nos apresenta Gimenez (2009, p. 154), "transformar a matéria, os nossos conteúdos inconscientes, o outro dentro de nós. Desse modo, o *sandplay* muito nos aproxima dos antigos alquimistas. Com eles, nós observamos a transmutação dos conteúdos psíquicos inconscientes da matéria". Pode-se, assim, acolher as imagens sem julgamento de valor.

Para expressar esse movimento da alma, apresento algumas fotografias que narram as primeiras experiências com o jogo da areia; as fotografias de 1 a 4 são minhas experiências; e as 5 a 10 são as compartilhadas com meu cliente.

A fotografia 1 é no consultório da professora Anete Fernandes, a nossa única experiência presencial até então com grupo do curso de Psicopedagogia PUC-SP 2022, e as demais fotografias são em supervisão e no atendimento. Contudo, com a inteireza do significado de On. por uma linguagem integrada nessa experiência, ele nos comunica sua necessidade de um espaço que contemple respeito a suas modalidades de aprendizado. Uma presença e sustentação para um diálogo com sua família e que a violência não seja um meio de regulação.

Figura 1 – Jogo da areia

Fonte: a autora, 2022

Figura 2 - Jogo de areia

Fonte: a autora, 2022

Figura 3 - Jogo de areia On.

Fonte: a autora, 2023

15

DEVOLUTIVA

Para Safra (2005, p. 24),

> Em todos os povos encontrados histórias e mitos por meio dos quais os seus membros buscam a elaboração de angústias comuns e a transmissão de sua cosmovisão, com seus sistemas de valores, em relação aos quais buscam referência... Considero os contos como fenômeno de grande complexidade, já que abordam não só questões fundamentais da existência humana, mas também as colocam de forma articulada, segundo uma narrativa com início, meio e fim. Nessa narrativa, a própria temporalidade humana está contemplada pois somos, desde o berço, seres que iniciam, vivem e finalizam as diferentes experiências que chegam ao nosso horizonte de vida. É fundamental que em toda a consulta terapêutica o inicial, o usar e o finalizar possam acontecer.

Sigo embrenhada nas ideias de Safra (2005, p. 90) quando afirma que o processo de colocar a angústia sob o domínio de um gesto criativo acontece de modo mais fecundo na relação com um outro, no espaço potencial, situação em que a criança é respeitada em sua singularidade. Com isso, decido criar uma história para On. e apresentar um conto africano para a família.

Para firmar o contexto dessa devolutiva, e com a clareza da mínima experiência de que o tempo não desfaz a qualidade do vínculo que constituímos no contato com On. adiante, as palavras de Safra (2005, p. 92) tornam-se instrumentos:

> Cremos que este fenômeno se deve ao fato de o encontro ter sido feito dentro do espaço potencial. Experiências desse tipo não só tornam parte do inconsciente consciente, mas também propiciam uma vivência de enriquecimento do self, pela oportunidade que teve a criança de usar o espaço de vínculo oferecidos pelo analista, para recriá-los segundo o seu modo de ser. Esses são fenômenos criativos, que enriquecem o self da criança com um sentimento de maior confiança da vida, pela consciência de que a angústia pode ser elaborada com a ajuda de um outro.

Com isso, retomo aqui nosso primeiro encontro em setembro de 2022.

1. QUEIXA LIVRE

Consigna: *Vocês gostariam de me contar algo que entendem que seria interessante para esse processo do aprender?*

Zen. relata que estão muito preocupados e precisando de ajuda, pois a situação é muito difícil.

> *On. sabe ler e escrever, mas se recusa a fazer e entregar das atividades na escola. Cada vez isso fica mais complicado.*

Conforme o relato de Zen.:

> *As únicas propostas de que participa são as de educação física e artes.*

Zen. completa:

> *Também tenho sido solicitada com frequência pela escola por questões de conduta, chegaram a uma proposta de avaliar On. de forma diferente por conta das dificuldades que ele vem enfrentando, mas eu não concordo, gostaria que a escola apoiasse de outras formas.*

2. COMPETÊNCIAS

As expressões artísticas de On. pulsam por todas suas vias, desenha, dobra, modela, constrói, cola, gruda, corta, "pinta e borda."

Criativo em todo seu processo de aprendizagem, com estratégias peculiares e cheio de possibilidades para lidar com seus processos de aprendizagem cognitiva e emocional. Muito carinhoso, com a possibilidade de encontrar o diálogo na relação, propostas de jogos e em contato com suas frustrações; durante a nossa experiência, sua autorregulação apresentou-se na maioria das experiências em todo o processo.

Matemática é uma linguagem em que On. demonstra facilidade e interesse. O futebol é outra linguagem que ele acessa, seu corpo é uma forte fonte de expressão, muito potente, assim como seus desenhos. O seu corpo é uma fonte de aprendizagem, aprende em movimento, tem força e desejo de diversidade, acessibilidade elementar.

3. APERFEIÇOAR

No processo ficou evidente que On. não se arrisca muito em ler e escrever, existe uma crença de que não sabe, ela está constituída em sua narrativa; em seu processo apareceram fraturas na linguagem oral e escrita.

Sua organização é algo que precisa ser investida com estratégias para garantir autonomia, responsabilidade; informação sobre sexualidade e consciência racial/social.

4. ENCAMINHAMENTOS

Os atendimentos psicopedagógicos são necessários e essenciais para dar continuidade à estruturação do processo de aprendizagem de On.

Atividades para cuidar e canalizasua energia corporal e é importante para o processo, além do futebol seria interessante uma proposta que integrasse equilíbrio e atenção.

Um ambiente da casa com materiais artísticos, como os da caixa psicopedagógica podem sustentar o campo criativo de On.

A possibilidade uma avaliação de QI com Thereza para superdotação, para entendermos a fundo a modalidade de aprendizagem de On.

Para Zen., uma proposta de terapia cuidaria de todos nesse processo, sugiro Arteterapia ou uma terapia possível, podendo sugerir algumas estratégias para tal cuidado de si.

Uma participação ativa do Isas. no processo de aprendizagem de On., escola, terapias, que vão além do futebol. Uma leitura, fazer uma proposta juntos para colaborar com o processo de aprendizagem de On.

5. DIAGNÓSTICO (SARA PAIN)

Hipótese

Hiperassimilação: "pode dar-se uma internalização prematura dos esquemas, com um predomínio lúdico, que ao invés de permitir a antecipação e a transformação possíveis, desrealiza negativamente o pensamento da criança" (PAIN, 1992, p. 48).

Hipoacomodação: "que aparece quando o ritmo da criança não foi respeitado, nem sua necessidade de repetir muitas vezes a mesma experiência. Sabemos que a modalidade de atividade do bebê é circularidade, mas não pode ser exercitada no caso poder-se o objeto sobre o qual se aplica; isto por sua vez atrasa a imitação adiada e, portanto, a internalização das imagens. Assim, podem aparecer problemas na aquisição da linguagem, quando os estímulos são confusos e fugazes". Pain 1992, p.48.

Superdotados: "Os sujeitos superdotados, com QI superior a 130, quando apresentam problemas de aprendizagem mostram grande precocidade na aquisição de estruturas, que entra frequentemente em contradição com uma carência na necessária acumulação da experiência do estágio anterior. Em geral, apresentam um déficit lúdico e, ai, dificuldade de organização da soma de dados, que processam isolada e vertiginosamente. Em resumo, contam com muitas possibilidades, mas com poucos recursos" (PAIN, 1992, p. 58).

6. MODALIDADE DE APRENDIZAGEM

Para Fernández (2001), a modalidade de aprendizagem está entrelaçada com uma modalidade de aprendizagem familiar, por sua vez, entrelaçada com a modalidade de ensino não só das famílias de origem, mas também com as modalidades do ensinante que imperam no meio social.

Para aprender são necessárias modalidades ensinantes que simultaneamente possam mostrar e guardar. On. encontra-se na situação apresentada por Fernández (2001) de modalidade em que o aprendente anula suas possibilidades de pensar oligomotizando-se, disfarçando-se do oligofrênico, que se encontra na figura abaixo no quadrante C. "Chega-se a ponto quando o exibir junta-se ao esconder. A atitude do aprendente pode representar-se na frase 'não sei'".

Como já apresentado na hipótese do diagnóstico com a descrição da teoria de Sara Pain (1992), com a contribuição da teoria de Fernández (2001), foi possível constatar a modalidade de aprendizagem hipoacomodadita e hiperassimilativa. Apresentado na imagem circular a seguir.

On. encontra-se na situação C, desmentir, oligotimia. Além de tal constatação, é possível observar durante o processo relatos de não saber ler e escrever, é possível constatar em seu processo fraturas na linguagem oral e escrita, como também um fracasso do sistema ensinante que não valida nem reconhece a modalidade de aprendizagem do aprendente.

Fernández (2001, p. 115) traz à luz:

> Ao instalar-se o sofrimento do fracasso escolar, pode até desencadear-se um sintoma ou inibição

que, de outro modo, não teria aparecido. Ou seja, como forma reativa de responder a um problema de ensino, a criança começa a não aprender na escola, mas ao manter-se o fracasso, pode finalmente alterar sua modalidade de aprendizagem (estruturalmente) e produzir um problema da ordem de sintoma ou inibição.

Para esclarecer a abordagem das modalidades de aprendizagem, On. nos apresenta a Oligotimia; "quando o sujeito renega sua capacidade pensante, posicionando-se em um 'não sei' que filtra o 'não posso saber' e desmente o 'o que eu sei?', proibindo-se de questionar, o transtorno de aprendizagem". Apresentada tal constatação, apresenta-se o fracasso escolar.

Figura 1 – Modalidade de aprendizagem

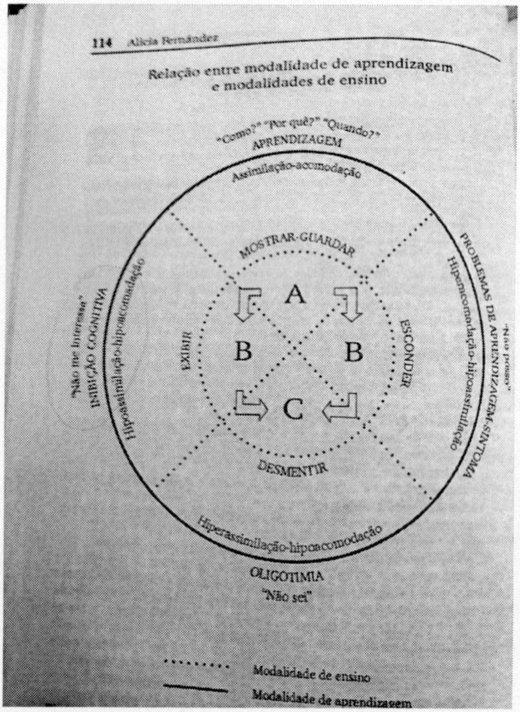

Fonte: Fernández, 2001, p. 114

Com tais observações foi elaborada uma história para a devolutiva que nos proporcionou um fechamento dessa etapa do diagnóstico e um diálogo com a família.

7. HISTÓRIA DEVOLUTIVA

ONDUM: O MENINO VELOCIDADE PIPA

No tempo do acaso, na velocidade da pipa voando no céu em dia de vento estabilizante.

Menino Ondum ganha destaque.

Nos trilhos do trem, no sentido da conexão de um avião de papel em direção ao terceiro andar do centro da terra, os seres atentos, sentem os pontos vitais.

Guiados pelo constante movimento da lua, acontece o encontro de Ondum com sua energia mais poderosa, sua luz interior.

Ondum foi presenteado com uma missão.

Por toda a eternidade, voluntariamente carregaria os raios do extraordinário Sol.

O brilho da majestosa Lua.

O balanço do incrível Mar.

O fluir do gigante Rio que corta a imensa floresta Amazônquia.

E o sopro do resiliente Ar.

Assim, só assim, com tal composição, nessa incrível cadência, a Luz jamais findaria.

Foi assim, anunciado em um sonho, composto com som do soar de sinos em noites de luar.

Porém, nesse caminhar...

Existem paradas que são inevitáveis.

Toda luz é composta também de sombra, toda paz encontra o turbilhão, janelas e portas fecham e, também abrem, faróis amarelos piscam e verdes são passagem, carros sem condução é quase algo do futuro que existe no presente, -Não é mesmo? Pergunta ONDUM.

ONDUM com medo, sem meio, algumas vezes corre riscos, fica com sentimentos exaltados, como em dias de empinar pipa nas férias com linha de cerol, corta na mão, tira rélo, é necessário guindar, cortar, aparar, recolher.

Escudo de PaloSanto e Espada de São Jorge na mente e no coração.

Sente.

Mira no alvo, uma luz.

Ondum percebe que é possível canalizar a energia.

Só ter foco, respirar e soltar com força.

Assim, encontra um equilíbrio.

Ergue os braços, respira, junta as palmas das mãos no meio do peito, solta o ar.

Acerta o centro, é o equilíbrio.

São 18 horas, 18 badaladas do sino, ali, aqui, emaranhado.

Imerso em um corpo templo.

Você escuta?

Você sente?

Conexão.

Menino Ondum cresceu, está a observar as flores, as belezas de suas pétalas, os contornos de sua estrutura sutil, as cores que encantam seu olhar, aromas que afetam, delicadezas, amores.

Um dia virão colheitas, é necessário respeitar os tempos, o desabrochar, os processos. Bem como a flor de Lótus que enraíza em águas calmas e no primeiro raio de Sol, no dia exato, na temperatura adequada, desabrocha ao amanhecer e submerge ao anoitecer.

ENSAIOS PSICOPEDAGÓGICOS

— Uma flor de lótus surge nas águas do rio! Visualiza menino Ondum.

— Você sabe o que significa?

— Renascer.

São as posturas que nos deixam confortáveis.

Corpo relaxado; inspira curiosidade.

Cada pétala da flor compõe uma jogada no campo de futebol.

Time completo.

Todos na área e uma bola para guiar.

É GOOOL!

Confia em si, menino ONDUM, a verdade é o guia da sabedoria profunda do ser completo.

https://padlet.com/prisollito/johnpsicopedagogaprisollito

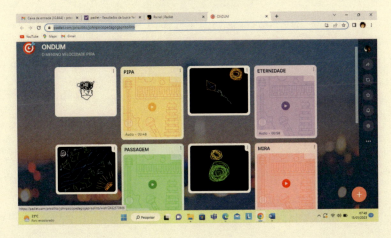

Relato da Devolutiva

A devolutiva foi tomada de emoções, On. se reconheceu na história, assim como Zen. também o reconheceu. Ele disse que a parte da Pipa e do futebol representavam ele e que estava muito bom. Antes de ir embora pediu para eu encaminhar a história e imprimir para ele buscar. Assim, como em todo o processo, as despedidas não são momentos confortáveis para On. Por isso, disse-lhe que faremos uma pausa, que o processo terá continuidade, declarei isso para ele na despedida, que no retorno entregaria impressa a história de Ondum.

Para Zen., a conversa teve um tom mais profundo, os encaminhamentos foram reconhecidos. Zen. reconhece a necessidade de aceitar o crescimento de On., foi um ponto em que também entramos muito em diálogo, possibilitou adentrar em assuntos sobre sexualidade e parceria com Isas. para assuntos de interesse de On. e combinados compartilhados, que On. possa ser envolvido nas decisões também.

Durante a conversa, Zen. diz: *Meu bebê, não quero que ele cresça*. Com empatia, eu devolvo: *Ele cresceu, você precisa confiar e apoiar On*.

Sempre as dificuldades voltam com força, chegamos ao ponto em que, com muita frequência, eles argumentam até mesmo para

On. "Você tem dificuldades.", pudemos juntas compreender que On. aprende de forma diferente das expectativas; e que, sim, dificuldades e desafios no processo de crescimento existem, entretanto as qualidades e as aprendizagens existentes precisam ser reconhecidas e validadas, Zen. saiu com a frase *"Você (On.) aprende diferente"*, entendo que nesse processo de compreender e olhar por essa perspectiva para a aprendizagem será muito valioso para toda a família.

CONSIDERAÇÕES FINAIS

As vidas contempladas nesta narrativa apresentam-se imersas no desabrochar do *ethos* da Psicopedagogia.

Assim como uma flor de lótus que fixa suas raízes e brota em águas calmas, sem nenhuma gota de lama, por todo seu processo de purificação e seus simbolismos; a flor de lótus em sua essência abre-se todos os dias com os primeiros raios de sol e à noite com as pétalas fechadas submerge, sua semente pode durar até 5 mil anos sem água e controla a própria temperatura para sobreviver, até que encontre as condições adequadas de desenvolvimento.

Submersa nessa metáfora, enveredei pela possibilidade de viver a análise psicopedagógica, apresentada no percorrer deste trabalho, e concluída na modalidade de aprendizagem na devolutiva. Tenho a clareza de que On. proporcionou, proporciona e proporcionará conexões profundas: sou um ser que faço parte de um todo, acesso à fusão de como todo o contexto foi se apresentando para concluir o que não está concluído.

Confio a entrega deste trabalho com ele totalmente inacabado, cheio de imperfeições, desconfortos e um tanto de inabilidades inaugural. Junto disso, foi um desabrochar, encontrei com a minha amorosidade espiritual em construção. Durante todo processo pude deparar com os fenômenos e minha atenção plena me possibilitou sentir a homeostase desse desabrochar no mundo.

A possibilidade de ter a companhia de uma comunidade inteira — que esteve e está envolvida no processo — para atentar que, sim, esse é o caminho natural, orgânico e verdadeiro: foi e é um alento.

É sobre a consciência e o encontro com o inconsciente que esses acontecimentos todos se deram.

On. chegou a nossas vidas e compôs nossas narrativas e está nossa análise amorosa e cuidadosa, sem dúvida alguma, foi transformadora. Posto nosso encontro, componho com as essências das ideias de bell hooks (2021, p. 124), em seu livro *Tudo sobre o amor: novas perspectivas*, o compromisso com a ética amorosa transforma nossa vida aos nos oferecer um conjunto diferente de valores pelos quais viver.

> Em grande e em pequena escalas, fazemos escolas baseadas na crença de que a honestidade, a franqueza e a integridade pessoal precisam ser expressas nas decisões públicas e privadas. Acredito que ao vivermos de acordo com uma ética amorosa, aprendemos a valorizar mais a lealdade e o compromisso com laços dourados do que o crescimento material. [...] viver eticamente garante que os relacionamentos em nossas vidas, incluindo encontros com estranhos, alimentem o nosso conhecimento espiritual.

Este trabalho se deu em um momento histórico no Brasil, 2022/2023, quando nossa democracia estava abalada e nossas relações também.

Eu tinha clareza e mais um turbilhão de sentimentos carentes de um fortalecimento pessoal das minhas ideias, compartilhadas, mesmo sendo desafiador escolher esse momento para tal transição e composição. Contudo, encontro nas palavras de Anete Fernandes (20011, p. 2013) *o saber ser*, que nos deu na experiência como suas alunas, a perspectiva de que o grande encontro que ocorre na clínica é o encontro de humanidades.

> Humanidades que requerem uma medida justa para que o encontro se dê. Requerem que este encontro seja em sua essência ético e estético. É a ética do cuidar, mais do que a do saber e dominar um conjunto de técnicas e procedimentos diagnósticos. É a estética de um corpo em movimento, buscando encontrar um ritmo próprio. É o encontro de corporeidades, que ora se expandem, ora silenciam, se fecham, se isolam, numa cadência própria de cada singularidade, em busca da sensação de pertencimento próprio de quem está construindo um espaço próprio no mundo, uma morada, um ethos.

Fecho meus olhos, escuto a professora Anete em nossas aulas, onde falávamos sobre o cuidar, o amar, o sentir, o aprender, o corpo, o inconsciente, a mãe suficientemente boa, Winnicott, o espaço potencial e toda essa transição que foi possível viver e experimentar. Anete, em nossas conversas e seu batom vermelho, para não parecer de uma cor só no vídeo nos valida:

> — *Ah, sim, é o Amor que conduz todo o processo terapêutico, todo encontro é terapêutico. Já nos dizia Sara Pain.*

Foram 14 encontros síncronos e 1 presencial, e assisti a algumas aulas, repetidas vezes, por conta desse universo on-line, vivi a experiência de aprendizagem terapêutica profunda, que vai além, amplia-se para uma comunidade amorosa.

Os sentidos compartilhados deram-se junto à supervisão da *maestra* Babi, Débora Mansur, que presenciou todo o processo com sabedoria, generosidade, verdade e confiança. Corporifico com inspiração e comunhão de afetos todo nosso processo que se inicia em uma escola em Perdizes, São Paulo, atravessamos oceanos, voamos, compartilhamos sentidos em Reggio Emília e nos conectamos aqui, novamente nesse diferente contexto, que nos possibilita algumas colheitas.

Ainda sobre a comunidade, pude ocupar o consultório de uma amiga Psicanalista, Fernanda Franceschi, que, ao escutar a proposta, possibilitou que os encontros de On. acontecessem em seu consultório na rua Maranhão, Higienópolis, São Paulo. Tudo isso faz sentido no provérbio africano: "É preciso uma aldeia inteira para cuidar de uma criança".

Os pensamentos emergem, quando as possibilidades da clínica são dadas a On., em seus recursos Psicopedagógicos.

Fernandes (2011) concebe a Psicopedagogia como uma área do saber, que envolve a articulação do campo da construção de conhecimento, enquanto experiência cultural e da afetividade, a partir de um movimento intersubjetivo.

> Nessa visão o espaço cultural é, ao mesmo tempo, criação subjetiva e espaço de realidade compartilhada. São as diferentes possibilidades do self, uma perspectiva de vir a ser, de se colocar num projeto de futuro e de contínuas construções de sentidos, a partir da experiência de viver.

Com tal estrutura deste trabalho, com teorias aqui direta e indiretamente abordadas, os recursos dessa prática também são nutridos pela *Comunicação Não Violenta*, de Marshall Rosemberg, que nos apresenta uma visão interessante da compaixão, tal qual se tornou prática vital que permeia a sua teoria e a aprendizagem que experimento com Dominic Barter em comunidade de aprendizagem. Sara Pain, Gilberto Safra, Alicia Fernandez, Patrícia Dias Gimenez, Telma Vinha e outros autores já tratados aqui foram abordados para tais movimentos que, na minha interpretação, Fernandes nomeia de intersubjetivos.

Além disso, quero abrir um espaço para a professora Beatriz Scoz, que muito tem me ensinado sobre ações cooperativas, a subjetividade humana em prática e a possibilidade de escutar, validar, viver e aprender em comunidade amorosa.

Para compor este texto, agradeço o apoio da Lucimar Santana, corretora sensível, que não à toa em seu nome encontramos a palavra Luz, assim ela me disse, e aqui valido nosso trabalho compartilhado.

A Psicopedagogia é sobre a vida que transforma, trasborda e transmuta. Dessarte, quão preciosas as palavras da Anete Fernandes e minha tentativa de encontrar um sentido comum, avento que a Psicopedagogia é o lugar dos fenômenos que abarcam os sentidos da criatividade, da arte, do brincar, de várias possibilidades culturais como manifestação humana. É também a possibilidade de compartilhar códigos e símbolos criados ao longo das gerações.

Contudo, nessa possibilidade de ampliar tal experiência de vida, sigo com esse sentimento profundo de gratidão, compaixão e ação amorosa para dar continuidade a este trabalho de Psicopedagoga.

REFERÊNCIAS

CHAMAT, Leila Sara José. **Coleção Papel de Carta**: teste para avaliação das dificuldades de aprendizagem. 2. ed. São Paulo: Vetor, 1997.

FERNANDES, Anete Maria Busin. **Reflexões sobre a construção do ethos de psicopedagogo**: um experiência vivida no espaço de formação. 2011. Tese (Doutorado em Psicologia Clínica) - Pontifícia Universidade Católica de São Paulo, São Paulo, 2011.

FERNÁNDEZ, Alicia. **A inteligência aprisionada**: abordagem psicopedagógica clínica da criança e sua família. Porto Alegre: Artmed, 1991.

FERNÁNDEZ, Alicia. **Os idiomas do aprendente**: análise das modalidades ensinantes com família, escolas e meios de comunicação. Porto Alegre: Artmed, 2001.

GIMENEZ, Patrícia Dias. **Adolescência e escolhas**: um espaço ritual para a escolha profissional através do *sandplay* e dos sonhos. São Paulo: Casa do Psicólogo, 2009.

HOOKS, bell. **Tudo sobre o amor**: novas perspectivas. São Paulo: Elefante, 2021.

PAIN, Sara. **Diagnóstico e tratamento dos problemas de aprendizagem**. 4. ed. Porto Alegre: Artes Médica, 1992.

SAFRA, Gilberto. **Curando com histórias**: a inclusão dos pais na consulta terapêutica das crianças. São Paulo: Edição Sobornost, 2005. (Coleção Pensamento Clínico de Gilberto Safra).

VINHA, Telma Pileggi. **O educador e a moralidade infantil**: uma visão construtivista. São Paulo: Mercado de Letras, 2000.

WINNICOTT, Donald Woods. **A criança e seu mundo**. 6. ed. Rio de Janeiro: LTC, 2014.